無敵の末日

不敗的都鐸王朝&日不落帝國的崛起

目錄
contents

全世界都該關注的日不落帝國

近來的歐洲很不平靜，許多震驚世界的事件接連不斷襲來。事實上，歷史上的歐洲有很長一段時間在世界局勢當中扮演著牽一髮而動全身的角色。如同兩次世界大戰都是歐洲地區最先引爆戰火，就算戰後世界成為以蘇、美兩大巨頭主導的情勢，歐洲仍在其中居於舉足輕重的位置。其中，英國處於一種微妙的氛圍裡，在於它曾經的輝煌與如今的衰弱。

2016年世人將目光再次聚焦在這個隔絕於歐洲大陸之外的島國——大英國協。英國人民公民投票通過「英國去留歐盟公投」，決議退出歐盟會員國，此舉震驚世界！後續將引發的效應也成為各界所關注及探討的焦點。其實，事情的背後都有著被人們忽略的因素，這也是我們研究歷史的功用。且從歷史淵源來看，英國和歐洲大陸的恩怨糾葛，堪稱是經典。

歷史總有著不可抗拒的吸引力，不只因為故事性的搶眼，更因為故事背後帶來的意義。你或許聽過亞瑟王與圓桌武士的故事，但卻未曾細究它隱含的時代背景意義，這是研讀歷史該具備的深層概念。因此當我們學習大西洋遠端的不列顛歷史——那個議會政治的發源地，其中民主歷程的平和演進、紳士風範的養成，以至於到今日民族的拉扯，經濟地位的特殊，種種一切就得從起源談起。看他們的民族不斷融合，成就不列

顛文明；王者創造無人能及、被世人記憶的盛世；看他們蛻變成工業與殖民的世紀帝國，但又被擊落後的轉變過程。於是，我們得以從這些史實中，窺見一點日不落帝國的真實樣貌，也藉此嗅出一絲現今局勢的幕後緣由。

但可惜的是英國史的研究，在學術界並非顯學。無論是研究群眾的人數，抑或是出版著作的數量，都很難令人滿意。在學術界都已如此，更遑論是一般民眾，很多人對於英國的認知總是來自想像以及片段的知識朔造出一種朦朧的美感。

王擎天博士慣以特別的歷史思維，書寫重要且精采的故事，再以單一故事作為核心，旁及所有相關連的史實。這樣的風格讓歷史不再是死板單調的單點呈現，而是生動立體、身歷其境的畫面，他的著作可說是平易近人的歷史入門書籍，更是歷史研究便捷的工具與補充讀物。學院派的著作時常因書寫格式以及題材內容顯得難以近人，王擎天老師即是解決如此窘境的佼佼者，適切地擔負起引線人的角色，帶領一般大眾跨越那道鴻溝。當一般學術人員只在圈子裡鑽研，在專業期刊發表；王老師卻已經走出個人研究，在市場中將歷史的優美傳頌給社會大眾。此著作即是將化繁為精發揮淋漓盡致的最佳大眾史學代表，想要研讀英國歷史的人絕對不能錯過！

交通大學通識教育中心副教授 劉河北

航向海洋的大英傳奇

　　2017年4月我的「新絲路視頻──歷史真相系列」正式開播，各界閱聽者都可以透過網路，不受時間與地域的限制收看節目。我在前期的節目之中，會主講中國史的相關主題，希望讓觀眾在片段的時間內就能汲取有別於傳統主流的歷史思考觀點與優質的內容。事實上，在群覽古今中外典籍之後，了解到歷史並非單純的縱向思維可以囊括，橫向的連結更是文化、生活等等的靈活呈現，那一幕幕都是令我神往的歷史場景。換言之，除卻時間軸的脈絡理解外；同時空背景不同地域的人事物更是值得來一一解析。這樣的思維延伸出我不同的歷史解讀方式，當徜徉在中國歷史之中時，更重要的是同時間世界上其他國家正上演著何種戲碼。

　　歐洲有一個與台灣地理環境相似，都屬於海島並且由各移民族群組成的國家，它曾在世界上扮演主導者的角色，這個國家就是大不列顛及北愛爾蘭聯合王國（United Kingdom of Great Britain and Northern Ireland），通稱英國！所謂「要認識世界史，就需要了解歐洲史；要了解歐洲史，就必須瀏覽英國史。」即是由於它那引領世界且精采絕倫的歷史過程。大英帝國的興起與眾不同，它從一個島國不斷地成長、壯大，陸續超越西班牙、荷蘭等強權之後；終於在工業革命的契機下，將疆

域擴張到世界帝國的規模，甚至成為最強大的帝國。直到兩次世界大戰削弱了這個帝國，原有的殖民地紛紛獨立，使得大英帝國轉變為大英國協。少了帝國的光環，英國並未就此消失，它早已以另一種形式的霸權強勢引導世界，從語言、制度等層面仍然對這個世界產生影響直至今日，也因為這個國家具有如此的生命力，才讓後世一而再、再而三的挖掘與詮釋。

一般大眾除了從影視作品當中，對於英國那些神祕且富傳奇性的歷史軌跡能觀得一二之外，少有機會能對這個高潮迭起、充滿故事內涵的國家有全盤且系統性地認知。我在研讀相關資料當中，對大英帝國的認識益加深入，進而有《無敵の末日──不敗的都鐸王朝＆日不落帝國的崛起》一書的問世。除勤勤懇懇探究史實，更進一步將當時的世界局勢與脈動一一寫入。

其實英國人的組成並不是一般人認為單一的日耳曼人，而是由原住民伊比利亞人，再加上陸續的移入者，如克爾特人、羅馬人、撒克遜人、丹麥人、諾曼第人等族群經過長久歲月融合後誕生的民族！

其中本書主要環繞在大航海時代，著墨甚深，此時期的英國正處於黃金時期──都鐸王朝。從亨利七世建立王朝開始，極力追求國家的穩定與王室財富；這也促使我們課堂中

熟知的亨利八世能夠擁有與教廷相抗衡的實力；更讓王朝在其兒女愛德華、瑪麗、伊麗莎白相繼接位下，帶領國家走上世界霸權的位子。這三代共五位君主締造了拍案驚絕的都鐸王朝。這一段段的歷史如此精采，卻因嚴謹的學術著作、龐大的原文資料，令國人望之卻步。出於對歷史的耐心與濃厚興趣，藉由此書重新告訴大家這一段段精妙絕倫的英國歷史。

　　將史學推廣至社會大眾，一直是我的心願。近年來「新媒體」崛起，我深刻意識到這正是國人進一步了解歷史原貌的最佳時機，也因此成為我創辦「新絲路視頻——歷史真相系列」的動力。但除了影視節目點燃對於歷史的關注目光，若能輔以完整記錄史實的書本，更深一層解析大眾不熟悉的文化、更進一步描繪全盤的歷史情境，才是真正通徹地在歷史真相中豁然開朗。

　　我將這曾經在地球上近四分之一地區揚起旗幟的傳奇帝國，從最初萌芽的起源，經歷輝煌時光後，走下世界聚光燈的過程一一呈現在你眼前。若你能在這過程之中轉化成你智慧的養份，那就是我在無數個挑燈的黑夜中，一一爬梳史實理出頭緒，希冀以貼近群眾的筆調書寫下此書最值得欣喜的佳音了！現在就讓我們一起感受這個傳奇帝國最生動的生命力。

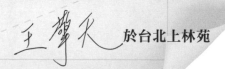

王　　　　於台北上林苑

中外歷史演進圖

夏朝開始（2070B.C.E）◀   ► 伊比利亞人移居不列顛，
是現代英國人最早的祖先（3000B.C.E）

► 羅馬駐高盧總督凱撒入侵不列顛（55B.C

秦滅六國（221B.C.E）◀

北魏漢化政策（471～499）◀

安史之亂（755～763）◀   ► 盎格魯·撒克遜人入侵不列顛（5～6C）

► 來自丹麥與挪威的維京戰士開始劫掠
不列顛（9C）

► 威塞克斯王國君王亞薩斯坦統一英格蘭
宋朝建立（960）◀   （925）
靖康之難（1126）◀

► 亨利二世即位，開創金雀花王朝（1154）

土木堡之變（1449）◀

► 亨利七世開創都鐸王朝（1485）

張居正推行新政（1581）◀

► 打敗西班牙「無敵艦隊」，英國開始逐步
建立海上霸主的地位（1588）

乾隆即位，開創「康雍乾盛世」（1735）◀

► 瓦特（James Watt）發明聯動式蒸汽機
（1782）

中華民國成立（1912）◀

► 喬治五世因英人反德情緒，改皇室名稱為
溫莎王朝（1917）
► 伊麗莎白二世繼位（1952）

簽訂《中美共同防禦條約》（1954）◀
蔡英文當選中華民國首位女總統（2016）◀   ► 英國脫歐公投通過（2016）

「一帶一路高峰論壇」於北京舉行（2017）◀   ► 蘇格蘭醞釀再行獨立公投（2017）

揭開迷人的不列顛面紗

今日我們說的「英國」，大多數人聯想到的不外乎倫敦鐵橋、多雨的城市、迷人的英國腔，或是以倫敦為舞台的影視作品，範圍多不出英格蘭這個區塊。但實際上英格蘭只是英國的一部分，英國的原文全名為「United Kingdom of Great Britain and Northern Ireland」，是由英格蘭、蘇格蘭、威爾斯與北愛爾蘭四個區塊聯合起來的王國，簡稱聯合王國（UK）或不列顛（Britain）。

英國的歷史紀錄，開始於不列顛島東南部，由於地勢低平，成為入侵者首當其衝登陸之處。登陸者初期所能掌握的，僅有今天的英格蘭，但當英王勢力穩定後，西侵威爾斯、跨海攻愛爾蘭、北征蘇格蘭。威爾斯在1284年被愛德華一世征服，成為王儲的封地；愛爾蘭在1541年被亨利八世併吞；蘇格蘭在1603年與英格蘭擁有共同的國王，1707年與英格蘭合併。歷經長期的世代更迭、異族入侵與民族融合，儘管內部仍隱藏著衝突，英國最終成為一個擁有強大文化背景與強盛世界地位的大國。

最初的不列顛島原住民伊比利亞人，數千年來過著自給自足、與世無爭的生活。後來，克爾特人以占領者的身分來到這個島上，與伊比利亞人共同成為不列顛的主人。接著羅馬人架著戰車來到，他們建造房屋、浴池，建立了城市，為不列顛島留下先進的拉丁文化遺跡。而在羅馬人勢力衰退之後，善於航

海的盎格魯‧撒克遜人進入不列顛島，就此成為英國人祖先的主體。之後撒克遜王國興起、維京人入侵、法國諾曼第公爵入主英格蘭，到了這時候已經難以界定真正的「不列顛人」究竟是哪一種民族，而本書要說的，就是這樣一個交錯融合的民族所建立的歐洲大國。

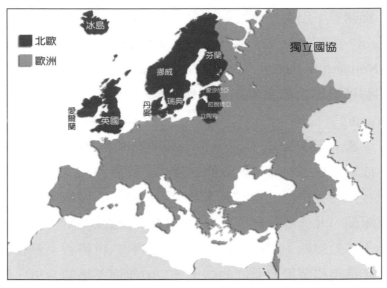

歐洲與北歐各國（依聯合國分區）

經歷諾曼第征服後，英國逐步邁向歐洲的主流國家，而從十五、十六世紀的都鐸王朝君主開始，更是揭開英國站上世界霸權的序幕；但當世界霸權面臨國際新態勢時，又將出現多少影響全球的轉變。本書從古到今完整描繪英國演變史，說的是歷史，更是人類文明的發展進程。

第一篇
紛放的遠古不列顛

第一章　移民的天堂——史前時期

　　西元前3000年左右的冰河末期，大冰北退。當時不列顛島尚與歐陸連成一片，因此，在北歐一個冰融春暖的日子，第一批新石器時代的真人徒步來到不列顛島，形成該島最早期的原住民部落。這些居民以狩獵、採集為生，不列顛廣大的森林、淺池恰為其天堂，飛鳥、野獸、禽魚成為豐富的食物來源，島上燧石亦成為製作獵器工具的極佳原料。約莫在西元前2000年，不列顛人開始使用銅器，一千年後始用鐵器，銅鐵金屬皆是島上豐富的蓄藏。由於海灣暖流之故，不列顛的高地終年長青，被冰霜籠罩的時期也較北歐為短，在資源富饒、氣候宜人的條件下，孕育出上古人民的生活形貌，至今可在考古資料窺見。

　　英國前首相邱吉爾（Winston Churchill）曾用抒情的筆觸描繪：「這個島與歐洲大陸僅有一水之隔，它的東部與南部地勢平坦，而西部與北部則群山起伏。不論是海盜還是商人、征服者還是傳教士，都可以輕而易舉地踏上這塊土地，這也顯示了英國早期不斷被外族入侵的歷史。」如同邱吉爾的敘述，不列顛向歐陸的沿岸既平坦，又多港灣河流，登陸甚為容易。上岸後，寬廣的東南平原、林地不難通行，前進無阻。一直要到英格蘭西北、威爾斯、蘇格蘭等處，才有高山險阻。由於不列顛島地勢之故，無法一舉征服，因此島上得以存在多種族，各自發展深具特色的文化衣著。直到諾曼第王朝時代，威爾斯才被

14

英格蘭征服，蘇格蘭也遭受打擊；而十二世紀時，愛爾蘭才被跨海侵略。這是深受地形影響的英國歷史。英國著名的歷史學家特里維廉（George Macaulay Trevelyan）曾說：「地理誠為歷史之所由成，尤其在人類未能駕馭造物之前。但在最初移民之時，歷史可說完全由地勢所定。」

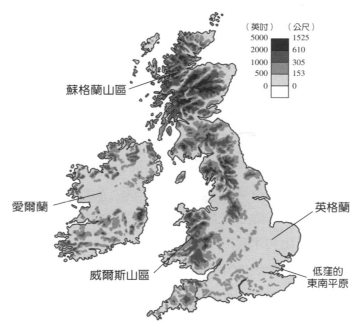

圖 1-1 不列顛島地形圖

不列顛始祖：伊比利亞人（Iberians）

今日所知不列顛島上最早的居民，暫且稱其為「伊比利亞人」，他們其實不只一個種族，但大半髮色黝深，先克爾特人（Celts）定居於此。遠在克爾特人征服不列顛前，伊比利亞

人已經和地中海沿岸的美索不達米亞、埃及、克里特島等地人們貿易通商，西元前2500年的西班牙就擁有產自英國的黑玉；西元1300年前，則可在英國見到埃及的細珠。伊比利亞人居住在不列顛數千年，利用當地盛產的金屬礦物，與南方商人交換珠寶金玉，同時也學習到農業、煉銅、造船等各式文化技能。在器物與文化的交流下，伊比利亞人從石器時代進展到銅器時代，從狩獵生活推前到農牧生活，從群集獵獸到擁有政治組織，他們甚至能建造堅固的軍事防禦與戰船。

征服者初至：克爾特人（Celts）

西元前七世紀至西元三世紀，居住在德意志西北部、尼德蘭半島上的「克爾特」部落開始從各個方向渡海進入不列顛。這些克爾特人身軀高大、髮色淡淺、勇於征戰，並擅長製造武器與工藝品。除了登陸不列顛，在歐洲也掀起一股占領的浪潮，西至伊比利半島，東至巴爾幹半島，都有他們的征服足跡。進入不列顛半島的克爾特人，一開始可能以統治者自居，向伊比利亞人收稅，但時間一久，兩者混合，共同成為不列顛的原住民。

克爾特人沒有領土的概念，只是聚族而居，加上村落時常遷徙，因此沒有發展出國家組織。當時的「王」，只是「部落的酋長」，與中古時代的封建領主相距甚大。由於克爾特人勇猛好武，部落與部落間每遇爭執，便以戰爭來解決，著名的「亞瑟王」傳說，便是發生在這個部落間交相征戰的時代。當時雖已進入農業時代，但技術簡陋，主要還是以狩獵、畜牧、

養蜂、木工維生，他們並沒有去開發大片的森林與沼澤，而是藉由不斷移居來尋找下一塊合適的牧場、獵地以及可耕之地。一直到中古末期，居住在威爾斯的原住民還保有這種搬家的習慣。

當歐洲大陸的羅馬共和國興起之時，克爾特人仍過著原始的遷徙生活。羅馬帝國創立前，四下征戰的凱撒曾經與克爾特人（其中應當有伊比利亞人的混居和混血）邂逅，在他的《高盧戰記》中，對這群「不列顛人」感到吃驚。在他的筆下，不列顛人「蓄長髮」、「光著身子」、「以靛藍染身」，其宗教領袖「德魯易（Druids）」每逢災難或戰爭，便以生人祭神。在他看來，這個島上勇武善戰的人民極其野蠻、原始，是個尚未開發之地。

在英國的克爾特部族很多，較大的兩個部族為不列東人（Brythons）與高台爾人（Goidels）。前者的後裔可在今天的威爾斯人中找到，後者的血統則可在今天的蘇格蘭人及愛爾蘭人中發現。克爾特人最令人讚嘆的文化是冶鐵技術，並非每個部族的成就皆高，但一些能製作精美鐵器的部落，其戰力與生活水準不容小覷。英國克爾特人活動的時代，約當中國的春秋戰國時期，當時中國已經脫離神權的時代，相比較之下，英國在此時是落後的。

第二章　短暫的過客——羅馬文化時期

　　羅馬共和國在時序進入了西元交界之時，成為歐洲大陸最興盛的國家，當時出現一位偉大的將領：凱撒（Caesar Julius），他最大的功績除了中興羅馬，亦將羅馬勢力推進到北歐。在諾曼第人入英之前，不列顛島並無嚴謹的政治組織與防禦工事，因此登陸極為容易。

　　西元前55年，為了增強自己的實力與威信，凱撒第一次橫渡英吉利海峽（English Channel），試圖進攻不列顛島。但第一次的橫渡並不順利，因隊伍太小，尚未登岸即返回高盧（今法國區域）。隔年（54B.C.），他帶著大軍捲土重來，與當地原住民克爾特人發生激烈的軍事衝突。克爾特人雖頑強抵抗，但其戰爭模式落後歐陸甚多。當克爾特貴族駕著兵車衝鋒陷陣時，羅馬則以輕裝迅捷的騎兵嚴整以待。中國早在西元前三百年的戰國時代就發展出騎兵，受到東方匈奴影響的歐陸人也在希臘時代開始以馬行軍，連在高盧的克爾特人都知道戰車已無用，海峽對岸的不列顛人卻在此時首度體會騎兵的威力，被凱撒打得大敗。

　　雖在不列顛大勝，凱撒的戰利品卻不如他一開始所想像得多。慕名而來的「不列顛金子」並沒有搶到多少；而習慣性俘虜奴隸到市場買賣，卻因不列顛人民在羅馬人眼中太原始蠢笨，以致無法執行往常的大規模買賣；預計獲得的納貢也因該地難以掌握而實行不久。以政治結果而言，凱撒征服式的登

陸,只為英國歷史帶來一種紀念而已。但此舉形成拉丁文化滲
入不列顛的契機,也將英倫三島與歐陸的距離逐步拉近。迨不
列顛被羅馬納為行省,上古時代的英國開始注入帶來新氣象的
羅馬文化。

倫敦發展的起源

　　由於凱撒軍隊的登陸,不列顛南部開始受到拉丁文化的影
響,移民到不列顛內地的羅馬僑民和商人多了起來,有的甚至
受到當地土著酋長的信賴。西元初年,不列顛南部的最大的部
落卡塔維諾尼人(Cartuvellauni)之王辛俾林(Cymbeline),
便是個熱愛拉丁文化之人。他鼓勵羅馬人前來通商僑居,也促
使族人親近拉丁文化。他在自行鑄造的金幣上自號為「不列顛
之王」,王號也是用拉丁文字。辛俾林於西元5年至40年在位,
據推測,此時的泰晤士河上已經架起了木橋,倫敦即將要躍上
歷史舞台了!

　　「倫敦」為克爾特名,架上橋後,自肯特諸港起的道路便
可以經過泰晤士河,由倫敦向北、向西以達內地。由於倫敦適
合作為商船貨物起卸之地,故羅馬人以倫敦為中心點,向南、
北開設道路,商船一進入倫敦,便可出發到島上各處。因此,
商人開始以倫敦作為海運中心,輸出錫、皮革、珠子等。但必
須聲明的是,即使羅馬時代的倫敦是一個商業中心,但在整個
羅馬帝國的政治系統中,地位還不及一個「市」來的重要。倫
敦一直要到諾曼第王朝時代,才開始盛大地發展起來。

羅馬的征服勢力發展

凱撒離開不列顛後一個世紀，羅馬進入帝國時期，且由歷史上的名君克勞狄大帝（Claudius）執政，他是羅馬帝國的第四任皇帝。在羅馬人分析下，一來不列顛南部的酋長們多已羅馬化，加上各部族間相互爭雄，正是出兵的好機會，在縝密的謀劃下，西元43年，克勞狄親征不列顛，輕易就推翻辛俾林的古國，並擊敗其他部落，將不列顛納入羅馬行省。羅馬人並沒有多文明地對待戰敗者，他們殘暴地屠戮男丁、強奪財物、侵凌婦幼，好戰的克爾特人為此怒不可遏。

羅馬人的軍隊順利征服東南平原後，挺進到威爾斯山地與北方的荒地，但困於山勢不得不停下來，無法再前進。西元60年，羅馬軍隊終於繞過斯諾登（Snowden）高山之時，不列顛東部傳來大規模反抗羅馬人的事件，史稱「布狄卡之變」，領導人是不列顛的愛西尼王國的王后布狄卡。布狄卡的丈夫死後，只留下兩個女兒，因此她尋求羅馬皇帝保護其家庭，羅馬人卻乘機吞併其王國，故布狄卡率眾起義，粉碎羅馬第9軍團，號稱殺死數萬的羅馬人、親近羅馬的不列顛人。羅馬軍隊為此報以殘酷的屠殺，布狄卡最後也服毒自殺。這是東南平原唯一的反羅馬抗爭，可見羅馬人征服東南區域並未遇到太大阻礙。

然而西北邊陲好戰的族群就不是那麼好對付了，一直要到西元78年，羅馬才征服了威爾斯，這已經是他們行政區域的極限了。北方的泰因河（Tyne）、恆伯河（Humber）之間，是大片的澤地、森林，住著兇野善戰、難以征服的布立干提人（Brigantes）。再往北是今天的蘇格蘭，居民是帶有克爾特血

統的克利多尼亞人（Caledonians）、匹克人（Picts）以及其他
種族，此地的土著生活在崇山峻嶺之間，行蹤難以預料，更是
羅馬人眼中的蠻夷。羅馬人多次出兵攻打蘇格蘭，在艱險的山
林間行軍已經不容易，還要顧及後方布立干提人的騷動，因此
成效有限。西元123年，哈德良皇帝（Hadrian，117～138年在
位）親征至泰因河口，便在此築長城，往後羅馬的北進，至多
也僅能重建哈德良長城而已。由此，羅馬人在蘇格蘭幾乎沒有
留下任何遺跡，而跨海的愛爾蘭，羅馬則從未想到要去征服。

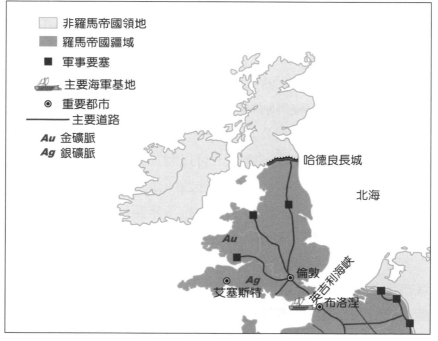

圖 1-2　羅馬時期的英格蘭

拉丁文化在不列顛

羅馬帝國是一個以武力侵略的專制國家，在不列顛也實施奴隸制度。但基本上羅馬的統治尚稱開明，只要不威脅其政治，皆放任原地的風俗習慣。實際上，羅馬人真正統治的區域僅有今天的英格蘭和威爾斯。他們在能掌握的範圍內，建築有系統的軍用道路，並在重要的點建立要塞，以正式的軍隊駐防。羅馬的軍人是真正職業戰將，他們軍紀嚴格、長期行軍，有事作戰，無事則投入道路修築、堡寨修建。羅馬此時在不列顛的統治分為兩個部分，東南部樂於接受拉丁文化，故打造出不需軍隊衛戍的都市政治；西部、北部則派駐大規模軍隊，用意是防止未歸順的克爾特人進攻東南較為富庶地區。

對於接納羅馬文化的東南部，可見以石牆築成的羅馬式小城，鄉間有精美的羅馬別墅，建築的壁上鑲嵌義大利式馬賽克畫，有溫泉之處則蓋以公共浴池——如英格蘭西南的城市巴斯（Bath）便是溫泉盛地，總之，可以說最精髓的羅馬建築在此時進入了不列顛。都市內的市民能說、讀、寫拉丁語，從事製造業的工人也會在工作時隨手刻上拉丁字語。都市外圍已歸化的克爾特部落，羅馬人便以部落名稱作為區域名，只要酋長願意著羅馬服裝、說羅馬語，便允其繼續統治部落。一般而言，城市中濃厚的羅馬文化，愈往外圍便愈稀薄。但居住在更外圍、鄉野的克爾特人部落內，仍會使用羅馬式的器皿。至今無從考據這些克爾特人使用的語言、農耕方法，拉丁文化對其影響到何種程度，不得而知。

無法扎根的高級羅馬文化

　　羅馬將其建築技術、拉丁文化帶進了不列顛東南部，使該地成為當時歐洲文化甚高之處。但另一方面，羅馬人對西北部「原始野蠻」的克爾特人卻一點辦法也沒有，即使以武力將其征服，除了軍事占據外，想要進一步以文化懷柔則是成效有限。但為何今日的英國文化中少見拉丁文化影子，反而以撒克遜、諾曼文化為其始祖？東南部盛極一時的羅馬文化又到哪裡去了？

　　首先，拉丁文化是羅馬人移殖入不列顛的外來物品，並非當地人自然進化的結果，因此無法生根。不久後，撒克遜人入侵不列顛，將羅馬勢力摧毀殆盡，拉丁文化隨之消失，只留下今日考古挖掘出的羅馬式建築。前述提到，不列顛東南部若無海防兵險，極易攻破登陸，因此東南部完全地遭受撒克遜的蹂躪與侵占。但撒克遜人再往北，則遇到和羅馬軍隊一樣的阻礙：勇猛善戰、難以摧毀的西北部山區族群，因此他們只能在東南部逞其志。也就是說，拉丁化的東南部受制於撒克遜人，西北部雖得以倖存，但此地正是羅馬人無法以文化懷柔的地域。因為這樣，羅馬文化在不列顛就一點都不剩了。

　　其次，中古以前，歐洲文明的中心在地中海，不列顛屬於北荒偏僻之地，尚未進入文明中心；到了中古時代，文化中心由地中海擴展到歐洲各地，不列顛成為中古文明的要角之一，這也是上古的「羅馬不列顛」無法勝過中古的「諾曼不列顛」文化，在英國久留之故。

　　西元四至五世紀，羅馬帝國開始衰弱，遂逐漸放棄對不列

顛的控制。西元407年，羅馬人開始撤兵，至442年，羅馬駐兵全數退出不列顛，結束了四百年統治。

克爾特英雄傳說——亞瑟王與加文爵士

當羅馬人不敵撒克遜人來襲，逐漸將勢力撤回歐洲大陸時，英格蘭島上的克爾特族起而抵抗侵略者。就是在這個時候，出現了一位克爾特民族英雄，率領各部落英勇抵禦撒克遜人，統一了不列顛群島，這便是亞瑟王的原型。

亞瑟是烏瑟‧潘達拉貢王與康威爾公爵夫人依吉娜的私生子，在嬰孩時被法力高強的法師梅林帶走，交給一個富有的騎士家庭撫養。國王死後，國內形勢混亂，梅林向眾人宣布有一塊神祕的石頭，石中有一把神劍，只有真正的英格蘭國王才能將之拔出。騎士們爭相前往拔劍卻相繼失敗，少年亞瑟在一次機緣下無意將它拔出，從此成為國王。之後他率領圓桌武士抵抗外敵入侵，擊退盎格魯‧撒克遜人，統一了英國，甚至遠征歐洲大陸。不過後來卻被外甥莫德雷德背叛。某次莫德雷德趁亞瑟不在國中，占領了卡美洛王國，並謊稱國王已戰死，還企圖娶王后桂妮薇兒。亞瑟王聞訊後急忙趕回不列顛，戰爭隨之爆發。雙方都在這場戰鬥中損失慘重，亞瑟王在殺了莫德雷德後自己也身受致命傷。此時出現一艘由三位仙女駕駛的黑色小船，將亞瑟王接往極樂仙境阿瓦隆（Avalon），從此亞瑟王便沒有再出現在世間。

除了亞瑟王，他旗下的武士們也是作家喜愛描寫的對象，像是風度翩翩，品格高潔的加文爵士、英勇的藍斯洛爵士與王

后桂妮薇兒等皆有大量的作品描述。《加文爵士與綠騎士》便是其中一則有名的故事。

　　故事描述某一次新年，當亞瑟王與圓桌武士們在卡美洛宮殿中慶祝時，忽有一名高大的神祕綠騎士帶著斧頭前來挑釁，綠騎士聲稱若有人敢用斧頭向他身上砍去，而他又毫髮無傷，那麼挑戰的武士要在一年後接受他的一斧。年輕的加文爵士接下挑戰，揮劍砍下他的頭顱，但神奇的是，綠騎士居然沒死，他從容地從地下撿起自己的頭顱，約定加文一年後至綠教堂來。

　　一年後，守信的加文爵士動身前往綠教堂，一路跋山涉水，歷經無數險阻。某天，加文在森林中迷路並意外發現一座城堡，城堡主人及夫人熱情地接待他，提到綠教堂就在不遠處，並留加文在城堡中小住。城堡主人還對加文提出了一項約定，他會將一日捕獲的獵物送給加文，而加文也必須回贈他當天所得到的東西。

　　第一天，當主人外出打獵時，美麗的城堡夫人來到了加文的臥室誘惑他，加文拒絕，最後她吻了他一下。當晚，城堡主人將其獵獲的鹿送給加文，依照約定，加文因當天只得到一個吻，於是便回吻了城堡主人。第二天也是如此，到了第三天，城堡夫人除了吻了加文還贈送他一條綠腰帶，說明只要繫上它，就可以不怕刀斧。加文心想這是保命的好物，便接受了。當晚，加文同樣回贈城堡主人一吻，卻沒有交出綠腰帶，隔日便離開城堡，前往綠教堂。

　　當他抵達時，發現綠騎士已等候多時，於是伸長脖子準備

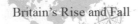

受死。第一斧砍下時，加文縮了一下頭，遭到綠騎士的嘲笑。第二次他聞風不動，展現出武士英勇不畏死的精神，不過這次綠騎士沒有傷害他。第三斧砍下時，則只在脖子上留下皮肉傷。加文跳起來，不准他再砍。此時綠衣騎士說明了身分，原來他就是城堡主人，頭兩斧沒有砍傷加文，因為加文頭兩晚遵守承諾，第三斧傷了他，是因為他沒有交出腰帶。在那之後，加文向亞瑟王描述了經過，並繫上綠腰帶，藉以提醒自己曾經犯的過錯。

今天人們所熟悉的亞瑟王傳說，是由史實、歌謠、傳說加上後人撰寫的故事，不斷積累融合而成。是否真有其人，後世眾說紛紜。我們不妨純粹用文學的角度，騁馳自己的想像於英國的山林湖泊間，欣賞那些中古騎士們的英勇事蹟以及其中對人性的描繪。

與亞瑟王相關的著作，可見諸於十二世紀傑佛瑞（Geoffrey of Monmouth）以拉丁文所著的《不列顛諸王史》、萊亞曼（Layaman）由法文譯為英語的《布魯特傳奇》（*Roman de Brut*）、十四世紀中葉的長篇英語詩《加文爵士與綠騎士》，以及十五世紀初英國湯瑪斯·馬洛禮爵士所著的《亞瑟之死》等。其中《亞瑟之死》收錄的內容最詳細，包括亞瑟的誕生、與羅馬之戰，以及藍斯洛、崔斯坦與伊索德、尋找聖杯等情節。

第三章　北海大英雄——撒克遜與維京人

　　在十一世紀以前，因為自身防禦能力的薄弱，英格蘭（England）經歷了無數次大規模的外來侵略。入侵者都將不列顛群島視為自己的新家園，並進而抵抗新來的入侵者，直至被新來的入侵者征服，或將新來的入侵者同化。可以說早期的英國歷史是一部外族入侵史。

　　西元前後一世紀，羅馬人的鐵蹄躍過英吉利海峽，從此開始了這片孤島與歐洲大陸之間，亦分亦合的歷史。隨著羅馬帝國末期經濟的衰退，這片土地原本與歐陸之間頻繁的貿易也為之中斷。羅馬大軍退出不列顛後，不列顛呈現群龍無首的混亂局面，在很長的一段時間內，島上並沒有出現任何強而有力的統治者，而是形成各部落聯盟相互競爭的小王國。到了五世紀初，一批屬於日耳曼人的分支，原居住在今天德國北部和丹麥一帶的盎格魯・撒克遜人渡海湧入了島上。最初的登陸者以海盜為主，其後是傭兵，最後才是一般移民，而這些人就形成了今日英國人祖先的主體。

　　盎格魯・撒克遜人在五世紀末開始接受基督教，也創建英國君主政體，他們在不列顛島上共建立了七個國家，相互爭雄，這也就是英國歷史上所謂的「七國時代（Heptarch）」。八世紀末起，原本居住在北歐丹麥，與盎格魯・撒克遜人有相近血緣語言關係的維京人，開始不斷地侵略不列顛島，並在島上建立王國，今日英語的起源也與他們有很大的關聯。入侵之

後的維京人曾在十一世紀初時成為島上的統治者。就在這種周
而復始的過程中，不列顛容納了先後入侵島上的不同民族，並
最終融合成一個統一的民族國家。

作為概稱的諾爾狄克人（Nordic）

　　「諾爾狄克」一詞是後代杜撰的歷史稱呼，它被用來作為
一種概稱，包含維京人（斯堪地那維亞人）、盎格魯‧撒克遜
人、佛朗歌人、條頓人、日耳曼人。往常慣於將中古時代來臨
前的民族移動，稱為「日耳曼民族大遷徙」，但「日耳曼」
這個名詞其實更專指移居到德國的「諾爾狄克人」，故本書以
「諾爾狄克人」取代過去有失完美的「日耳曼人」稱呼。

圖 1-3　諾爾狄克民族大遷徙

這些支系繁雜的種族在羅馬帝國衰落之際四下移居散動，移動範圍東至君士坦丁堡，西至愛爾蘭，南至撒哈拉沙漠，北至格陵蘭島。其中，盎格魯・撒克遜人來到不列顛島後，該地便稱為「英吉利」。近代英吉利人顯著的種族性質較偏向盎格魯・撒克遜人，再加上一些威爾斯人（Welsh）的特性。

羅馬末期的撒克遜海盜

歷來對於盎格魯、撒克遜究竟為同一種族，或為兩個族，意見不一，但可以肯定的是，在入侵不列顛之前，他們曾經一起住在今天的丹麥與德國沿岸。他們即使為兩個種族，語言風俗的差別也極微小。此處我們簡稱其為「撒克遜人」。

西元三世紀起，撒克遜海盜開始侵略羅馬不列顛沿海，羅馬人對此也特設艦隊以為防禦。在羅馬不列顛最後黃金時期中，也是撒克遜海盜最活躍的時刻，故羅馬特別設置一個海疆防護長官，並在沿岸設置10個要塞，襲擊出沒的海寇，不列顛因此多爭取了50年的和平。西元四世紀上半葉，不列顛建造了歷來各時期最多的羅馬別墅與住居，可見一斑。

四世紀下半葉，由於帝國內部的頹敗，北方的匹克人、布立干提人，西方來自愛爾蘭的斯克特人（Scots）——這些往昔被羅馬視為「未開化」的克爾特部落開始蠢蠢欲動，時而南下、西來焚燒搶掠別墅。當羅馬人對不列顛的控制愈弱，土著的克爾特勢力便愈強，在四世紀下半劫掠了羅馬不列顛。但五世紀初，撒克遜人大舉侵入不列顛英格蘭，將克爾特勢力驅逐至今天的蘇格蘭、威爾斯、愛爾蘭。

撒克遜人成為英格蘭新主人

撒克遜人雖然好戰，卻未擁有多精良的裝備，一個撒克遜勇士的武器平均就是一矛、一盾，稍微有身分的，才能戴盔環甲，但千人中也才一人而已。依常理而言，拉丁化的不列顛，應可以羅馬式的騎兵、戰術以及弓箭甲冑抵擋這些軍備簡陋的「蠻夷」；但事實卻是，在好幾股撒克遜武裝入侵下，羅馬不列顛文化盡數被摧毀。學者分析其原因，一則可能在撒克遜入侵英格蘭之前，他們的對手已經換成南下、西來的克爾特部落，其戰鬥方法亦極為原始。二來，羅馬時代的文化固然高於中古時期，但其城市的自衛能力遠低於中古時期的封建人民，不列顛羅馬的城市亦然，他們的安全屏障仰賴羅馬的專業軍隊。因此，當羅馬內部逐漸衰敗、軍備廢弛，城市便完全失去抵禦外侮的功能。總之，乘著無甲板、無艙位長船而來的半武裝「蠻兵」順利攻城掠池，取代羅馬，成為東南不列顛的新主人。

西渡英國之前，撒克遜部落內已經有貧富貴賤與主奴之分，其首領和戰士的關係，成為後來中古的貴族與封建制度的基礎。撒克遜人擁有殘忍好鬥的海盜性格，他們不習慣居住在石牆建築的城市內，故以摧毀高於自身文化的羅馬別墅為樂。海盜出身的撒克遜人，除了販賣奴隸，實無經商天性，卻性喜農耕，一旦征服不列顛，便思定居耕作，這是他們與喜遷移的西北克爾特部落不同之處，也是他們能成為英格蘭始祖的重要原因。雖然其農耕文化略勝克爾特人，面對文化較其高明的羅馬，他們卻嗤之以鼻。以住宅而言，他們無視羅馬式石牆別

墅，而在適於農耕之地中心，逕自砍伐木材建造木屋。在撒克遜人占領下，羅馬的城市、語言、信仰的基督教、區域名稱隨著羅馬的離開全部消失。幾個羅馬建造的重要城市，倫敦、坎特伯里、林肯、巴斯，因羅馬人建造的道路，交通便捷，才得以存留而繼續發展。

羅馬留在不列顛的遺跡只有三項，一為上述的羅馬道路，二為倫敦舊址，三為威爾斯人信仰的基督教。在撒克遜人征服不列顛，羅馬文化消失之際，野蠻的撒克遜人加上山區未開化的克爾特人，不列顛全島文明倒退，開啟一個尚武好戰的時代。

基督教回到不列顛

羅馬人離開後，不列顛島上信仰基督教的只剩下西方的威爾斯人。由於威爾斯人相當仇視來侵的撒克遜民族，絲毫不願意「拯救」此異族，故一兩百年間，基督教持續保留在威爾斯人生活中，卻在英格蘭缺席。由於威爾斯四面臨敵，撒克遜人自東南殺來，匹克人、蘇格蘭人自北來侵，在此與文明完全隔絕的黑暗時代，自歐陸不時遠來的傳教士給予其最大的安慰。傳教士堪為當時最有閱歷、有知識的人物，相傳透過傳教士的指揮，威爾斯人曾戰勝撒克遜與匹克人之聯合軍隊。

不論是克爾特人或撒克遜人，他們信仰的宗教都是比較原始野蠻的，屬於戰士的宗教。這類原始宗教教導戰士勇於戰鬥、不畏死亡，但卻沒有太深入的思索，故不會養成對信仰的堅持或熱誠，也不會仇視異教。當散漫無組織的基督徒跨海來

到不列顛傳教時，並未受到撒克遜國王的刁難。

　　成為第一任羅馬教皇的格列高里，對基督教傳入英格蘭深有貢獻。格列高里在西元590年開始主持羅馬區教事，當時歐洲已經被蠻族蹂躪，城市一片荒涼，貧困而不能自衛。但出身羅馬貴族的他，在成為羅馬主教後，迅速地展開其組織能力與道德勸說，得到各區主教精神上的愛戴。他展露出一種進步、和諧、公正的希望，在紛亂的世局中安定人心。十餘年中，他便成為第一任羅馬教皇。西元七世紀初，他派遣奧古斯丁跨海至英格蘭傳教。當時為七小國割據的時代，奧古斯丁僅僅感化了一國——肯特國，並在坎特伯里設置主教。肯特國為七國中最為文明者，以此為據點，爾後基督教傳遍英國全國。

　　除了肯特王國，西元616年，諾森伯里亞王國出了一位著名的君主埃德溫（616～632），他是當時英格蘭最強大的統治者。當基督徒僧侶保羅納斯（Paulinus）向他傳教時，聽到信仰神祇得不到絲毫好處，也保不住朝中首位，埃德溫立即率領人民前往搗毀他自己主持的寺廟，成為該王國第一個信仰基督教的國王。由於埃德溫的領土北至恆伯河，南至福爾斯河，廣大的疆域加上眾多的屬國，至此，英格蘭有一半皆信奉耶穌了。而後，麥西亞王國興起，與諾森伯里亞王國發生爭雄之戰，長達30年。期間，宗教勢力的消長也受到戰局的影響，麥西亞的國王彭達（Penda）是撒克遜神祇的擁護者，諾森伯里亞的埃德溫及繼位者奧斯瓦德（Oswald）則堅守十字架信仰。但當彭達打敗諾森伯里亞王國後，卻不禁止基督教的信仰與傳播，基督教信仰逐漸鞏固在英格蘭的大地上。

撒克遜王國興起——七國相互征戰

從西元六世紀，在今天的英格蘭東部、威爾斯地區，便有許多獨立而時序上相互銜接的撒克遜王國興起。這些國家的疆域時常在變化，國號也不時更換，令人目不暇給。較著名的有七個國家：麥西亞（Mercia）、諾森伯里亞（Northumbria）、東盎格利亞（East Anglia）、威塞克斯（Wessex）、埃塞克斯（Essex）、蘇塞克斯（Sussex）、肯特（Kent）。這時代一直到十世紀威塞克斯王國統一英格蘭為止。

麥西亞王國在七世紀興起後，打敗諾森伯里亞王國成為新的老大。它陸續併吞一些撒克遜小邦，還自命為東盎格利亞和埃塞克斯的宗主國，最後進逼至威塞克斯，此後的英格蘭便成為兩國爭雄的場所。諾森伯里亞已經衰弱得無法在爭霸中占有一席之地，但仍維持獨立，至維京人入侵後才亡國。然而在美術、宗教、文學等方面，諾森伯里亞依然維持其領袖的地位。一直以來，不列顛島的高級文化皆出現在南部，而文化盛極一時的諾森伯里亞卻位於英格蘭北部。也就是說，西元七世紀中葉以前，北部為撒克遜英格蘭的重心。這是相當值得注意的事，因為諾森伯里亞衰亡後，一直要到工業革命，煤鐵業受到重視，北方才再次獲得優越的地位。

西元八世紀末，麥西亞國王奧法二世（757～796）成為英格蘭最有勢力的君主，但在西元825年阿拉丹尼（Ellandune）與威塞克斯一戰後，麥西亞王國因敗勢衰，霸主地位落到威塞克斯國王愛格伯特（Egbert）手裡。但不論是諾森伯里亞王國的埃德溫、奧斯瓦德，麥西亞王國的彭達、奧法二世，或是

圖1-4 撒克遜七國位置圖

威塞克斯王國的愛格伯特，這些王國的國王都不是「英格蘭之
王」，因為他們僅統有一小塊領地，稱其為「不列顛帝」或許
更為恰當。一直要到撒克遜人聯合起來成功抵擋丹麥人的入侵
時，愛格伯特的子孫才得以逐漸統治全英國。

　　五世紀登陸不列顛的撒克遜族，一直到九世紀維京人入侵
前，都在英格蘭島上過著原始的生活。除了領導階層忙著殺伐
爭雄，一般平民就在日復一日的農耕、伐木中度過。他們雖是
優秀的農夫、樵夫，卻也喪失先祖的航海本能。他們散居在孤
單的農莊、深邃的林間、散漫的郊區，甚少發展出都市生活，
對外來的人則異常排斥與防備。如在肯特和威塞克斯兩國中，
若有遠方來的人不走大路，欲穿過樹林的話，必須吹響號角或

大聲呼喝，否則可視其人為賊，殺之擒之皆不犯法。人與人間的關係如此淡薄，國與國間也自相殘殺劫掠，打得如火如荼，就是在這樣的時刻中，維京人的海盜船從海的那一端開來了！

九世紀的維京人（Viking）入侵：丹法國建立

西元八世紀末年，一支載著數百人的長船開抵威塞克斯沿岸，威塞克斯國王派人去查問來者何故，船上的人不由分說將眾人搶劫一番然後揚長而去，這是維京人首次入侵西歐。威塞克斯國王還來不及號召群眾報復，便再也尋不到其蹤跡。隨後撒克遜各國陸續發生沿岸被劫掠的事件。

維京人來自寒冷、極北的斯堪地那維亞島，以血統而言，和諾爾狄克人相距不遠。他們是商人，也是海盜。在西元九、十世紀中，這些斯堪地那維亞人依三條路線進攻西歐。向東邊出發的多為瑞典人，他們直入斯拉夫民族的居所核心，在基輔建立俄羅斯國。向西出發的第一隊大多為挪威人，今日格陵蘭島、蘇格蘭、北美洲皆有其足跡，他們也攻克愛爾蘭島，成為當地城市生活的開發者。向西的第二隊則是丹麥人，也就是英、法兩國史上重要的入侵主角之一。

九世紀起，丹麥人瘋狂劫掠歐洲北岸與不列顛島東南，他們以來無影去無蹤、一搶即逃的策略，專攻遠關無軍備之地。隔著英吉利海峽的英法兩地不勝其擾，丹麥人也非常聰明地往返兩地，英方抵禦強時則攻法，法方抵禦強時則攻英，經過長時間的攻掠，較小的一隻隊伍在今法國北部建立諾曼第，在英格蘭東部則建立丹法國（Danelaw，位於英格蘭，但依照丹麥

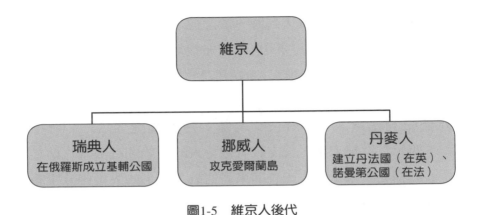

圖1-5　維京人後代

法律治國）。西元871年，丹麥人占領倫敦，撒克遜眾王國遭受即將易主的威脅。此時，威塞克斯國王阿爾弗雷德（Alfred，871～899）即位，成為團結撒克遜人、抵禦丹麥人的希望。

英吉利邁向統一：先驅阿爾弗雷德大帝

　　阿爾弗雷德還是王子時，被送到羅馬求學，深受教皇器重，當時他的父親已經使威塞克斯成為七國的盟主。父親死後由大哥即位，沒幾年，丹麥人已經將泰晤士河以北盡數納入版圖，威國岌岌可危，年輕的阿爾弗雷德遂帶兵攻打丹麥人，並取得非凡的勝利。由於他抗敵的聲名遠播，大哥死後，威塞克斯的賢人會議便擁戴他成為國王，阿爾弗雷德不負眾望，率領撒克遜聯合軍隊抵禦丹麥人。七年後，阿爾弗雷德成功制住丹麥的進攻，與丹麥王古斯倫和談，結果是雙方劃定界線，丹麥人在英格蘭北部得到一塊兩萬多平方英里的土地，在當地實施丹麥法律，故稱「丹法國」。阿爾弗雷德更使丹麥成為耶穌的

信徒，許多學者相信，信仰基督教後的丹麥人，去除許多好勇鬥狠的暴戾之氣。

由於丹麥的進攻，原來是一盤散沙的撒克遜民族團結起來，於是，當丹法國開始安分地守在英格蘭東北時，整個英格蘭只剩下兩股力量——撒克遜人的威塞克斯國、丹麥人的丹法國，也就是說誰贏了，誰就可以統有整個英格蘭。

雖然這個功業並沒有在阿爾弗雷德手中完成，但作為撒克遜救星的阿爾弗雷德，除了善戰，更將撒克遜人推向進步的文明。前文提到，撒克遜人不喜石牆建築，也忘記了航海本領，阿爾弗雷德眼見若無堅實的堡壘則無以抵禦外敵，因此仿效丹麥人，在倫敦建牆築城、打造海上艦隊；而在戰爭需要下，臨時募集撒克遜農夫既來不及、戰力又弱，故阿爾弗雷德愈來愈依賴披甲騎馬的貴族士兵，騎士慢慢成為一種職業，封建制度到此有了進一步的開展。除此之外，他命人記錄歷史，做成《盎格魯‧撒克遜編年紀》，並延攬國外學者、逃亡學者，他也建立世界上最早的「貴族學校」，以培育更多行政人才。在七國交相征戰多年後，又遇上丹麥人的入侵，文學和宗教皆被破壞殆盡，有賴阿爾弗雷德大帝的努力，文化又慢慢回到了英格蘭。

到了阿爾弗雷德的孫子亞薩斯坦（Athelstan）的時代，統一大業統於完成了。善於海上生活的丹麥人，一旦安居於一地，便失去了政治團結力，分裂成無數的小群體，亞薩斯坦乘機將丹法國納入威塞克斯的勢力範圍內，實質上成為整個英格蘭的國王。在英王寬鬆的統治下，丹法國之內的丹麥人，服從

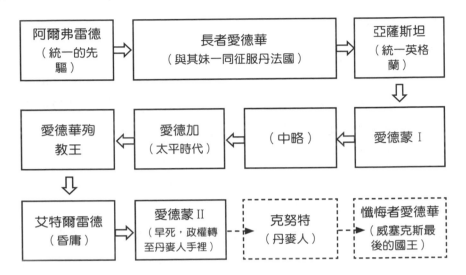

圖 1-6　威塞克斯國王一覽

自己的法律、法官、行政長官，英格蘭至此正式統一！

第二次維京入侵：克努特王國稱霸北海

　　英格蘭統一後的十世紀，有一段較為和平安穩的日子。國王亞薩斯坦的兒子愛德加（Edgar）在位時是著名的太平時代，然而，丹麥人骨子裡對英格蘭王無歸屬感，所謂和平，只是表面的假象。時序進入十世紀末，在昏庸的英格蘭王艾特爾雷德（Ethelred，978～1013，1014～1016）主政下，西元980年，海外的維京人第二次入侵。此次進攻的領袖為丹麥王斯維恩（Sweyn Forkbeard，987～1014），他的兒子即是後來建立北海王國的克努特。

　　斯維恩的父親哈拉爾綽號「藍牙王」，是統有部分挪威以及日德蘭半島附近島嶼的丹麥國王，一直以來，率領國人以海

上劫掠為生。相傳哈拉爾接受基督教洗禮後，起了從良的念頭，希望將重心移至國家建設，減少海外劫掠的次數。為此，朝中舉反對票的維京勇士與之強烈對抗，其中也包含他的兒子斯維恩。在一場決鬥中，藍牙王被一支利箭射死，斯維恩於是即位，漂亮八字鬍為他贏得了「八字鬍王」的綽號。而後，朝中元老經過調查發現，新王與藍牙王的死脫離不了關係，便綁架他，要求國民用與國王體重相當的黃金來換。斯維恩被贖回後，深感有樹立自己威信與強奪黃金的必要，便向英格蘭出兵。斯維恩的軍隊遇上軟弱的英格蘭王艾特爾雷德，勢如破竹，整個英格蘭大地都遭到蹂躪。艾特爾雷德正面迎戰不得勝，便在1002年大批屠殺在英格蘭土地上的丹法國人民，藉以出氣。此舉惹怒了丹麥人，引發其再度侵犯。西元1013年，艾特爾雷德逃往諾曼第，斯維恩被公認為英格蘭國王。但隔年（1014）艾特爾雷德的朝臣將其迎回，但他在1016年就去世了。斯維恩之子克努特立即進攻，兵荒馬亂下，其子愛德蒙二世繼位。

愛德蒙二世與克努特隨即展開爭奪英王的血戰，雙方互有輸贏，不幸愛德蒙二世數月後便去世，撒克遜的賢人會議遂推舉克努特為英格蘭國王。身為丹麥人的克努特竟能即位為英王，這說明人民本身對誰當國王並沒有多大的意識；而掌握立繼者大權的賢人會議，是由主教、伯爵、王室官吏，以及一些富豪倉促組成，在他們眼中的國王，只要能給予利益、帶領他們打勝仗即可。

斯維恩死時，命大兒子哈拉爾為丹麥本土之王，小兒子克

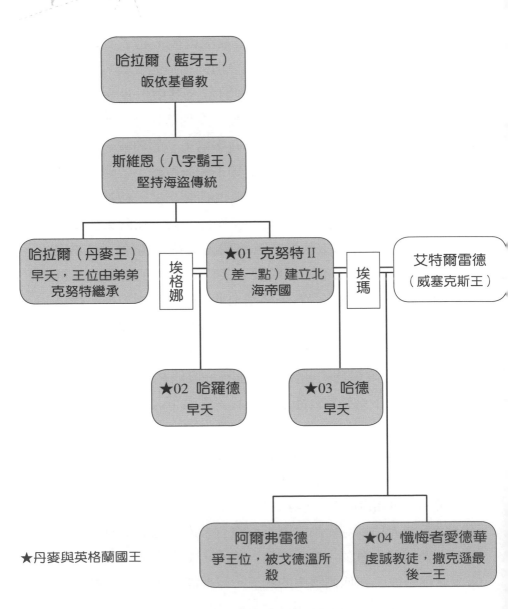

圖 1-7　丹麥人克努特世系

努特則為丹法國之王。克努特成為英格蘭、丹法國之王不久，在丹麥本土的兄長過世，因此他在1020年也接收了丹麥本土。克努特成為英王後，重用撒克遜豪族、支持基督教、建立皇帝禁衛軍，並致力調和征服者與被征服者的感情，更謀擬建立一個雄跨北海的大帝國。可惜他在40歲的英年便過世，假定他再多活20年，英國歷史說不定就要改寫。

最後的撒克遜國王：懺悔者愛德華

如果故事就這樣下去，今天的英國人祖先就是維京丹麥人了。但事情沒有這麼簡單，回到1002年，當時的威塞克斯國王艾特爾雷德為了抵抗八字鬍王，便迎娶今法國北部的諾曼第公爵理查一世的女兒埃瑪，兩人生下兩個兒子，這兩位英國王子後來為了避難，逃到諾曼第藏身。而克努特進入英格蘭王室後，竟娶了他昔日對手的妻子埃瑪，埃瑪也為他生下一個兒子哈德。

克努特死後，流亡在諾曼第的英國王子回國奪取王位，被昔日克努特的寵臣戈德溫伯爵殺掉。在他眼中理當即位的是克努特與前妻生的兒子哈羅德。但哈羅德早夭，接著即位的哈德也很快就死掉，於是能夠繼承王位的，只剩下埃瑪的小兒子愛德華了。1042年，愛德華（Edward the Confessor）即位，英王又回到威塞克斯一系。

愛德華雖是威塞克斯國王的兒子，但他從小在法國長大、接受教育，在他心中，應是更親近法國。作為一個虔誠的基督徒，他一上任就開始蓋教堂，西敏寺就是他主持建造的。隨

後，他將王宮也搬到此地，此後西敏寺成為英國王室的中心和象徵。此外，他引進許多諾曼第人、教士入英國，擔任朝臣、行政官員與各地主教。戈德溫伯爵雖殺了愛德華的哥哥，但愛德華能夠成為國王，他有一定的功勞，眼見新國王皆以諾曼第人為親信，自然相當不悅。

丹麥勢力已去，諾曼第大軍未登陸，愛德華本應擁有20年可以整頓英國的時間，但他花費所有精力在對付戈德溫伯爵父子。愛德華被迫與戈德溫的女兒結婚，但他在1051年便將戈德溫一家人放逐出英格蘭，並拋棄了妻子伊迪絲。愛德華大量起用諾曼第人已經讓他失去支持，又放逐前朝要臣，舊勢力紛紛騷動。1053年，戈德溫集合「反諾曼第文化」的群眾，攻擊愛德華，迫使他恢復戈德溫家族領地，並放逐許多諾曼第寵臣。回到英國的隔年，戈德溫死了。不久，愛德華也死了，由於愛德華捨棄自己的妻子，又因信仰虔誠、堅持不再娶，留下王位繼承的問題。賢人會議因而推舉戈德溫富有才幹的兒子哈羅德為英王。1066年，以英王繼承王位的問題為由，挪威王哈德拉達（Hardrada）與諾曼第公爵威廉（William）同時大舉來攻。

海斯頂斯之戰（Battles of Hastings）

懺悔者愛德華在登大位之前，生活在法國諾曼第領地，據說，他曾正式答應將王位傳給他的遠親──諾曼第大公威廉。另一方面，威廉也聲稱哈羅德曾經答應要將英國王位獻給他。總之，威廉指責哈羅德非法篡奪王位，率軍渡海入侵英國。這個消息傳到對岸，哈羅德也組織軍隊守在海邊，準備與之

一戰。不巧的是，當時的船需順風而行，而在戰前六週內，逆風使威廉的船隊無法駛出港口。哈羅德在英國空等無人，卻忽然得知挪威王哈德拉達在約克登陸，因此大軍一揮，先往北救援，他率領全歐洲最優秀的步兵——克努特創制的禁衛軍，很快地就將挪威人殲滅。三天後，威廉已經從佩文西登陸，逼得哈羅德氣還沒喘夠，又倉促地急馳南下。

　　雙方在東英格蘭的海斯頂斯附近山區交會，以步兵和騎兵相攻。哈羅德的禁衛軍組成「盾牆」，威廉一時難以攻破。但靠著一股蠻勁和優秀的弓箭手，以及比舟車勞頓的哈羅德軍更為充沛的體力，威廉軍隊衝破盾牆。哈羅德的軍隊有一半是臨時徵召的民兵，一旦盾牆被擊垮，他們一點都不是諾曼第騎兵的對手。10月14日傍晚，哈羅德和他的禁衛軍全體戰死在山上。

第二篇

王國初興的那些事兒

第一章　封建王朝的開端——諾曼第王朝

　　懺悔者愛德華因沒有後代而絕嗣。但他入英為王除了帶來更為嚴謹的基督教組織，其引進諸多諾曼第人到英國擔任主教、行政官員，也為諾曼第公爵入侵英國鋪了路。當征服者威廉踏上英格蘭的土地，已經有許多諾曼第人等待著他。當時英國還不是一個有組織的封建國家，英格蘭人並沒有該效忠誰的困擾。因此當威廉提出願意保全撒克遜傳統、維持固有領地為條件，英格蘭的伯爵、豪貴、主教、地方官都準備和他媾和。倫敦也在遲疑數週後，遣使邀請威廉到西敏寺舉行加冕大典。由於跨海征服英格蘭，因此威廉得到了「征服者威廉（William the Conqueror）」的別號。加冕那天，是西元1066年12月25日。

　　從諾曼第王朝開始，英國走向極富創造性的時期。不僅糧食生產量成長，人口持續增加，農牧技術也大大進步。羊毛業成為英國財富的一大來源，學術興盛與研究風氣也推動大學的興起，知識開始廣泛地傳播。在這當中，對後世影響最鉅者則為民主體制的發軔。但還要再等一百多年，第一個約束君主的憲章才出現。在威廉的時代，正走向一個絕對王權的封建制度開端。

征服者威廉（1066～1087）

　　威塞克斯王室接納威廉以後，滿心以為威廉會保留他們原

先擁有的土地與自由，然而，在海斯頂斯戰役幾個月後，威廉開始尋找各種藉口，沒收撒克遜莊地，分賞給諾曼第勇士，再命令各級受封土地的封臣都必須向他效忠。威廉本身來自封建制度盛行的法國，因此中古封建的城堡、騎士制度隨著他來到英國，自此改變了英國的社會結構，開創以英王為中心的封建集權王朝，為禁錮膽敢挑戰英王權威的人，威廉建立了倫敦塔，愛好自由的英格蘭人民對此相當不安。

　　謀叛首先來自北方兩大伯爵——愛底溫、摩加，他們被征服後，又再次反抗，甚至與丹麥人聯手。為此，威廉於1072年展開浩浩蕩蕩的北征，殘忍地蹂躪了整片北方大地。在全面性的搗毀後，北方成為一片焦土，卻也因為這樣，順利地植入封建制度，此制度較南方保持得更為完全且持久。除北方之外，各地也陸續有叛變，威廉藉此機會一一收服英格蘭地主的領地，等到全英國各城邑都分封完畢，所有的反抗勢力才差不多弭平。1075年，威廉已經開始整頓諾曼第法語貴族的反叛，甚至聯合一些歸附的英格蘭人掃蕩叛徒，這說明該年國內征服已屆完成，足以展開其他事業了。

　　威廉一世開始，英格蘭擁有依海自衛的能力。為了增加賦稅以應付戰爭，1086年，在國王的權威下舉行全英土地調查，並製作成《土地調查書》。這些土地調查的官員窮凶極惡，百姓如同陷入地獄接受審判一般痛苦，故這本《土地調查書》又稱為《末日審判書》。透過土地調查，威廉讓各個采邑的大地主為他收稅，封建制度就是在這一層一層的關係下建立的。在司法方面，威廉命令主教退出各邑的法庭，另設專門處理宗教

事務的法庭。如此分離宗教法庭與世俗法庭的舉措，對法治文化的進步而言是相當大的成就，國王可因此自命為世俗團體的領袖，與教皇相對抗。威廉本身是個熱愛權力的君王，他也頑強地從教皇手中奪回對英國主教的任命權，因此當時，在整個西歐當中，他可以說是權力最大的君王。

紅臉王威廉二世（1087～1100）

西元1087年，征服者威廉墮馬死亡，由他的第三個兒子威廉繼承王位，稱為威廉二世。新英王的哥哥，也是征服者威廉的長子羅伯特則成為諾曼第公爵。兩兄弟並不和睦，雖各執海峽一端的土地，但雙方都欲將對岸領地納為己有。1088年，羅伯特帶兵攻入英格蘭，紅臉王憑藉金錢和許諾換來貴族支持，成功擊退叛變。1090年，威廉二世進攻諾曼第，摧毀了羅伯特的抵抗力量並強迫他放棄部分領地。1096年，羅伯特欲參加第一次十字軍東征，為此，他將諾曼第公國抵押給威廉二世，以換取一萬馬克的付款。這筆錢是英格蘭整年稅收的四分之一，並不易支付，但威廉二世想收回這塊領地已經很久了，如此一來他便跟父親一樣，擁有「完整的」領地。於是這筆錢就落在英格蘭貴族與農民的頭上，威廉二世開始在全英格蘭徵收一個特別繁重的稅款，並以攝政王身分統治諾曼第。

威廉二世又名「紅臉王」，或許是因為他性格暴躁，容易生氣之故。他是一個冷酷無情、擅長打仗的君王。由於他延續父親的政策，大肆徵斂財物，1096年為取得諾曼第更變本加厲，因此在國內非常不討喜。他本身看不起撒克遜文化，也

蔑視教會，傳言他曾經試圖說服皈依耶穌的猶太人再重新信奉猶太教。而在一次與坎特伯里大主教的爭吵中，威廉二世甚至說出「自己今天仇恨主教、明天和未來的仇恨也與日遽增」這樣的氣話。由基督教士編寫的《盎格魯‧撒克遜編年史》中，威廉被稱為「被所有人民所痛恨」的國王。可想而知，他在宗教界的評價相當低落。而根據十二世紀英國歷史學家馬姆斯伯里‧威廉（William of Malmesbury）所言，威廉二世的朝廷充斥著穿奢靡衣服、花哨鞋子，說話柔腔柔調的青年男子，而這正是國王威廉的最愛。這樣的紀錄未知是否屬實，但威廉二世的確終身未娶，也沒有留下後嗣。因此，他在1100年一場打獵的意外中，被箭射中身亡後，就由他的弟弟亨利作為繼位者。

廢除苛捐的亨利一世（1100～1135）

　　威廉二世的死亡一向被視為神祕難解的事件，也有人懷疑是否和亨利有關。不過並沒有人去向亨利為難，因為比起乃父與乃兄，亨利實在是個好得不得了的國王。亨利一世繼位後，勵精圖治，首先便改善王室與教會的緊張關係，更停止苛捐雜稅的徵收。1106年，他渡海至法國，擊敗他的大哥羅伯特——諾曼第公爵，並將其永久監禁。取得諾曼第領地後，卻難以守住，因為土地遠在海峽另一端，法王更是虎視眈眈。亨利雖一次次擊敗法軍，但總不能永遠留在諾曼第作戰，因此他與法王和談。原先與法王聯手的法國安茹伯爵在和談中竟釋出誠意，向英王稱臣。

　　亨利一世可說是諾曼第王朝四位君主中最英明的一位，但

他在冊立繼承人方面則不是那麼順利。為求政治安穩，他迎娶蘇格蘭公主，生下兩子兩女，幼子早夭，而長子威廉・艾德林在1120年一次航海事故中溺死。於是亨利一世指定次女瑪蒂爾達為繼承者，但遭到英格蘭貴族的反對。瑪蒂爾達原嫁給神聖羅馬帝國皇帝亨利五世，但沒多久就成了寡婦。在亨利一世安排下，她再嫁給法國的安茹伯爵。亨利另外有一個妹妹阿黛拉，嫁給法國伯爵後，生了一個兒子叫做史蒂芬。亨利本人很鍾愛這個外甥，給予他許多封地和爵位，因此年紀輕輕的史蒂芬成為英國最有錢的貴族，當亨利一世突然過世，史蒂芬第一個趕到宮廷，用錢收買了教皇與眾人，並於1135年成為國王，兼領諾曼第公爵爵位。

今日度量單位碼（yard）來自亨利一世隨口定下。相傳某次朝臣們激烈爭辯1碼的長度，卻遲遲無法取得共識，亨利一世聽到最後失去耐心，叫他們通通閉嘴，他伸出食指說：「不要吵了！1碼就是我的指尖到鼻子的距離。」碼的長度就這麼戲劇性地定下了。1碼合3英呎，到了十六世紀，德國人以16個男子腳的長度平均值，作為1英呎（foot）的長度，至此，碼的長度才客觀地定下。

釀成無政府狀態的史蒂芬（1135～1154）

史蒂芬一即位，亨利在世指定的繼承人瑪蒂爾達首先反對，指責其為篡位。隨後兩人各自召組軍隊，使英國陷入了爭奪王權的內亂，將近20年都是無政府狀態，蘇格蘭也藉機攻入英國。在這兩個皆無法讓眾人信服的「王」相爭期間，一些貴

族乘機坐收漁翁之利，在兩邊獲取好處。更有貴族趁此法庭權力不張的時機，壓迫窮苦農民為其建造堡壘，或者對富人強奪勒贖等。《盎格魯・撒克遜編年史》記載了許多史蒂芬朝代人民所受到的窮苦與折磨。這些虐待百姓的貴族，一方面行惡，另一方面卻無法安睡，因此，他們捐建諸多教堂寺院。終史蒂芬一朝，就有數以百計的新捐寺院建築。

　　史蒂芬與瑪蒂爾達的戰役互有勝敗，1141年4月，史蒂芬在林肯一戰中被亨利一世的兩個私生子打敗，瑪蒂爾達將他關押在布里斯托。但史蒂芬的王后繼續集結軍隊作戰，俘虜了瑪蒂爾達許多得力戰將，瑪蒂爾達被迫釋放史蒂芬。11月，史蒂芬重登王位。隔年12月，史蒂芬的軍隊在牛津包圍瑪蒂爾達，瑪蒂爾達節節敗退，最後便逃到諾曼第，並在丈夫安茹伯爵的努力下，讓自己的兒子亨利成為諾曼第公爵。西元1153年，瑪蒂爾達與兒子亨利率領軍隊在英格蘭登陸。經過幾場戰鬥，最後在大主教的調停下，訂定合約，史蒂芬終生為王，但死後需將王位傳給瑪蒂爾達的兒子亨利。史蒂芬雖然不甚願意，但他曾經處決索爾茲伯里主教一家人，故教皇剝奪他大兒子的繼承權以為懲罰，他的小兒子則對王位沒有興趣，史蒂芬只好答應傳位給亨利。這位亨利就是後來的亨利二世，金雀花王朝的開朝君主。

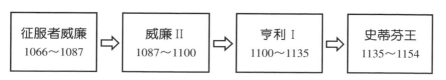

圖 2-1　英國諾曼第王朝國王一覽

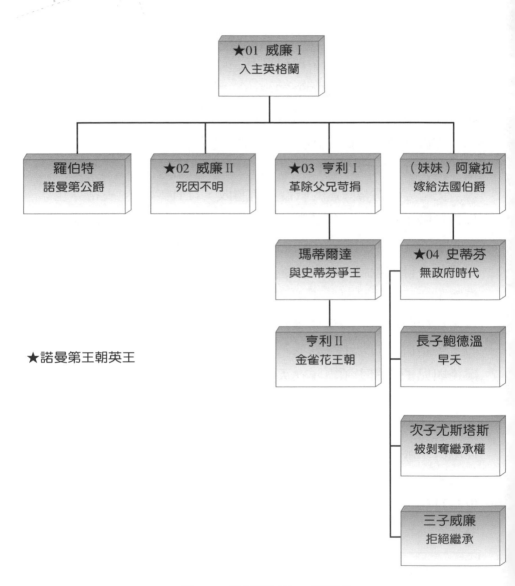

圖 2-2　英國諾曼第王朝世系

第二章　現代英國的雛形──金雀花王朝

　　「金雀花」是亨利二世的父親安茹伯爵傑弗里五世（Geoffroy V of Anjou）的綽號，相傳傑弗里是著名的美男子，他習慣在帽簷以金雀花作為裝飾，故得此稱呼，後來金雀花便成為安茹家族的標誌。金雀花王朝既是源於法國安茹公爵，因此又名安茹王朝（House of Anjou）。首任英格蘭國王亨利二世精力旺盛、積極勤政，藉由戰爭、外交、締結婚約獲得許多法王名義下的封土，光在法國的領土就占了整個法蘭西的三分之一。除了統治英格蘭，他同時領有其父的世襲領地安茹伯國，以及阿基坦公國、諾曼第公國，遠至庇里牛斯山，向北跨海峽到蘇格蘭邊境，此廣大的範圍被稱為「安茹帝國」。

　　在246年的金雀花王朝期間，共有8位君王，英國的文化藝術在此時逐漸成形，中世紀最優秀的詩人喬叟生於這個時代，哥德式建築也在此時期盛行。此外，英格蘭議會成形於該朝，中世紀專門的教育機構──牛津、劍橋大學也建立起來了。金雀花王朝最後結束於英法百年戰爭與其後的玫瑰內戰。

普通法的確立者──亨利二世（1154～1189）

　　亨利是亨利一世的外孫，他繼承為英國國王後，被稱為亨利二世（Henry II），但基本上他是個法國貴族，在他眼中，英國只是他轄下領土中的其中一個行省。亨利雖擔任34年的英國國王，卻有21年在法國度過，他擁有一個移動朝廷，朝臣來

自西歐各地，上流的英國社會此時還是操持法語。亨利即位時，英國已經陷入20年的紛亂，亨利是個專制的君主，手腕強硬，在他的威勢下，國內秩序很快地恢復，貴族們懾於他強勢的領導，不敢輕易作亂。

亨利二世對英國最大的影響，當是法律習慣的建立與全國法律的統一。他本身博通當時歐洲最高的學術，其中在法律知識方面尤其特出，加上「安茹帝國」的領地十分廣大，故能取法各地良善的行政制度。他還引進陪審團制度，取代英國古代不科學的「神判法」。在亨利二世以前，各地皆有不同的法律習慣，故各地法院依據其習慣，常產生不同的判決。亨利加強王室法院的權力以及巡行法官的管轄權後，各地遵守的習慣漸漸趨於一致，英國的「習慣法」得以逐漸成立。1154年，亨利二世時期英國的首席法官格蘭維爾出版一部權威的普通法教科書《英格蘭王國法律與習慣論文集》，便擴大了普通法施行的範圍。

1164年，亨利二世召開法學家會議，企圖收回教會的司法權，確立世俗法庭的地位高於宗教法庭。次年，國王頒布《克拉蘭敦律令》，但他的好友坎特伯里大主教湯瑪斯·貝克特（Thomas Becket）拒絕在文件上簽字，兩人大吵一架、反目成仇，貝克特被迫流亡歐洲。1170年，貝克特回到英國，亨利身邊的武士揣測君意將其暗殺。事後亨利受到教會與世人責難，兩年後自動取消《克拉蘭敦律令》。亨利欲壓制教會雖不成功，但他是成為後世國王與教會對立的先聲。

亨利雖建立起司法制度，擴大法庭權力，但他的法院除了

審判是非曲直之外，更是國王的斂財工具。人民最厭惡的就是國王的巡迴法院，每隔一段時間，國王便派官員至各地審查案件，若未依照慣例就行或納稅，動輒便有高額罰金。但整體來說，亨利還是頗得民心，他沒有設置常備軍，甚至鼓勵貴族、人民平時自備武裝，但亨利二世的時代並無貴族或人民叛變，「安茹帝國」無疑是中古歐洲強大的封建國家。

亨利二世的最後10年，都忙於打仗，令人嘆息的是征戰對象是他的三個兒子。由於領土分封問題，亨利二世與兒子之間反目，長子亨利、次子理查、三子傑弗里聯合法國與父親發生戰爭。但亨利二世大權在握、實力雄厚，終將兒子打敗，他還乘著勝勢擊潰南侵的蘇格蘭人，1177年以後又渡海遠征愛爾蘭。因為三個兒子都反叛，他將愛爾蘭、安茹、不列塔尼等地封給最小的兒子約翰。長子、三子都在戰爭中過世，但理查得到法國的支持，出兵英國打敗約翰。1189年，亨利在兒子的征戰中，憤而逝世。

熱愛戰爭卻深受國民支持的理查一世（1189～1199）

亨利二世死後，次子理查一世（Richard Ⅰ）繼位，他對於被他打敗的弟弟約翰並沒有趕盡殺絕，只將他鞭打一陣，便讓約翰繼續留在朝中。理查勇猛好武，一生熱衷於打仗，號稱「獅心王理查」，表面上他在英國的統治紀錄為10年，實際上他只有6個月待在英國。好戰的理查生逢其時，正巧碰到第三次十字軍東征，於是他速速將政權託付給主教隆察姆，便帶兵東征去了。理查東征期間，隆察姆與約翰勾結篡奪王位，但貴

族和倫敦市民並不支持約翰，在坎特伯里大主教瓦爾特的帶領下，約翰被趕下台。但約翰叛變的消息傳到在東方作戰的理查耳中，他匆匆班師回朝，卻在歸途中被神聖羅馬帝國囚禁，英國上下花了不少贖金才將他贖回。理查回國後，並沒有壞了興致，他繼續籌款赴歐陸作戰。

理查的一生幾乎都在打仗，為了籌措戰款，他在英國橫征暴斂，他留下一句名言：「只要誰有錢，我願意將倫敦賣給他。」照理說他在英國的形象應該不好，但卻相反的，由於理查的英勇善戰打響了英國的名聲，所以他依然名列受歡迎的英王之一。理查雖極少在國內，但他在英國的執政者瓦爾特大主教，擴大了亨利二世時代的城市特許狀範圍，更允許行會（Guild）成立，這是英國史上一大進步，商人的時代開始來臨。1199年，理查在歐陸的一場騎士決鬥中喪生，因為他沒有結婚，也沒有子嗣，便由他的弟弟約翰繼位。

被迫簽署《大憲章》的約翰王（1199～1216）

理查之後的約翰王是英國史上不受歡迎的國王之一，一來他趁著兄長歐陸征戰時篡奪王位，在人格方面受到鄙視；二來他在位期間，英國在法國的領地全部失去，因而約翰號稱「失地王」。金雀花王朝之後的五位王都是約翰的後代，但卻沒有一個人沿用他的名字，甚至一直到二十一世紀，英國從未出現「約翰二世」，英國史上只有「唯一」的約翰王，因為這位國王實在不怎麼樣。然而，約翰在位期間，英國的民主卻因國王的行為，向前進了一大步。

　　約翰王即位後，迫不及待地親率大軍進入法國，參與領地爭奪戰，結果大敗而回。1203年法國國王腓力宣布沒收約翰在法國境內的領地。約翰為了爭一口氣，回國大舉收稅作為戰事支出，赴歐陸再戰，不料屢戰屢敗。1214年，英王在法境內所有兼領的土地全部被法國占領，連上兩個王朝的先人領地──諾曼第公國、安茹公國也拱手讓出。約翰也為了英國內部教權問題與教皇起爭執，結果受到嚴重的屈辱，還將英格蘭、愛爾蘭奉獻給教皇，然後教皇再將兩地賜給他作為采邑，最後自願每年向教皇納貢，才平息教皇的憤怒。英國國內貴族對這位四處丟臉的國王，愈來愈失去耐心。

　　約翰為了對法戰爭，向貴族收取苛刻的稅金，但戰事竟如此失利，1215年春天，憤怒的貴族們集結起來，向國王提交一份請願書，要求取消重稅，但遭到約翰所拒，貴族乃以武裝討伐國王。在叛軍的威脅下，陷入窘境的約翰王不得不同意與多位貴族代表進行談判，經過整整4天的協商之後，終於簽署了一份和平停戰宣言──《大憲章》。而事實上當時締約的雙方正寫下了英國歷史上另一個重要的篇章，也是民主的濫觴。

　　《大憲章》主要是重申貴族享有各種權利之不可侵犯性，其中規定：國王徵收新稅或特別捐、修改法律等重要國策都必須獲得大議會的批准；未經合法判決和按照法律程序，國王不得囚禁貴族或對任何自由人加以逮捕、監禁或驅逐出境等。《大憲章》也包含了對教會利益、市鎮自由及商人活動自由的保障，它限制並加強國王對法律的遵從與改革，而這些改革的受益者並不限於貴族與自由人而已。當農奴逐漸消失時，愈來

愈多的人乃至於全部的公民都可以託庇於《大憲章》的保護之下了。但這些都是後來發展，當時的約翰並不打算遵守《大憲章》，當貴族一退兵，他便請求教皇宣布此章程無效，於是貴族聯合法國路易親王（後來的路易八世）再度出兵。1216年，路易親王登陸英國，約翰逃至威爾斯邊境。當年10月，約翰病死。

被剝奪王權的亨利三世（1216～1272）

約翰死後，9歲的王子即位，是為亨利三世。一開始的10年，由主教和司法大臣攝政，國家尚且太平。然而，當亨利長大後，大權在握，便前往法國征戰，企圖搶回父親的失地。為了籌措軍費，他走上了約翰的老路——向貴族徵稅。亨利有一點和父親約翰不同，他打從一開始便極度效忠教皇（和約翰吃了虧再效忠不一樣），甚至允許教皇的使者在英國收取重稅。英國貴族因而同時要面臨國王和教皇的稅吏；而在1233年以後，許多法國權貴湧入英國，侵占了當地貴族權益；在1255年，亨利又企圖參與神聖羅馬帝國皇帝的競選，花費相當多錢……種種令貴族對國王反感的情境一幕幕上演，有了前朝經驗的貴族，終於在1258年提出一份文件——《牛津條款》。

《牛津條款》沒有之前的《大憲章》那麼溫和，《大憲章》要的只是自由，《牛津條款》則規定貴族也應分享王權。這份文件的其中一點是：由十名貴族、五名教士組成會議，而這個會議必須和國王共同執政。迫於形勢，亨利三世不得不簽署，但他馬上求助教皇和法王路易九世，否認這個條款。1264

年，十五人會議中的林肯主教蒙弗特召集兵馬與國王作戰，亨利兵敗被俘。蒙弗特奪得權力後，宣布之後的議會開放郡的騎士、城市的市民參加，他因此獲得下階層的支持，這些平民力量雖不大，卻是往後英國下議院的先驅。蒙弗特卻因拉攏下層人民而得到上層貴族的猜忌。執政一年後，蒙弗特被獲得貴族支持的王子愛德華（後來的愛德華一世）打敗，死於亂軍之中。

亨利三世至此復位，但實際上，之後的政事皆由王子愛德華主導。

英國的查士丁尼——愛德華一世（1272～1307）

1270年，愛德華前往歐洲參加十字軍東征，4年後才回國。但1272年亨利三世死後，他在名義上就已經是英國國王愛德華一世。愛德華是個有才幹的君主，被比擬為「英國的查士丁尼」大帝。他即位後的第一件大事，即是發動對威爾斯的戰爭，而後又長期對蘇格蘭用兵，因此籌措軍費在朝廷中依然是個重要的問題，但他願意和議會妥協，故使議會制度正式確立。

1277年，以威爾斯拒行效忠禮為藉口，愛德華出兵攻打南威爾斯，1282年再度出兵，進而征服全境。他將此地冊封給王子愛德華（之後的愛德華二世），稱威爾斯親王，此後英國的王位繼承人皆會受封此地。在征服威爾斯過程中，英軍習得了長弓的使用方法，並獲得在山地作戰的經驗，這些技能發揮在英法百年戰爭初期英國的作戰力上，故能持續壓倒法國獲得勝

利。征服威爾斯後，愛德華也想將蘇格蘭納入領土。1296年，他率軍北征，雖然打敗了蘇格蘭軍隊，但一時之間也無法征服龐大的領地，於是他持續派兵北上，一直到死前都在征討蘇格蘭。作為不列顛島上第一個開疆闢土的國王，愛德華一世也被稱為「蘇格蘭之鎚」，因為他對蘇格蘭相當殘暴，除了屠城，也曾對俘虜將領施以極刑。

愛德華的戰爭費用不只來自貴族，他延續蒙弗特創立的舊規，召集所有階層的人前來開會，因此騎士和城市市民的地位大為提高。這個由各階層組成的400人議會，即是史上著名的「模範議會（Model Parliament）」，愛德華因此得到商業人士與鄉紳的財力支持，但基本上這個議會最終還是由國王主導，為王權服務，只不過能開放下階層人民參與，在那個貴族社會已經是相當不簡單的事了。此外，愛德華收回許多郡守的司法權，責令貴族依土地多寡確實繳納稅金，無子嗣繼承者，死後土地一律充公。他也規定任何地產未經國王同意，不得捐獻給教會。貴族和教士的許多權力，又回到國王手上。愛德華善於將在議會決定的法律頒布全國，再藉由國王的巡迴官到各地有效執行，英國自此成為一個「法治」的社會。

英國歷史上，愛德華一世並不是第一個「愛德華王」，但至今為國王排序時，皆以諾曼第征服之後來計算。

表2-1 愛德華一世與之前的英國愛德華王

	身分	所屬王朝／國	事蹟
長者愛德華 Edward the Elder（899～924）	阿爾弗雷德大帝之子	威塞克斯	與其妹一同征服丹法國；他的兒子亞薩斯坦在撒克遜王國時期統一英格蘭
愛德華殉教王 Edward the Martyr（975～978）	愛德加（和平王）之子	威塞克斯	注重品德、譴責暴力，十六歲時被繼母謀害，死後被尊封為聖徒，受到天主教、東正教與聖公會的尊崇
懺悔者愛德華 Edward the Confessor（1042～1066）	艾特爾雷德之子	威塞克斯	最後一任撒克遜國王，之後進入諾曼第王朝。信仰虔誠，任內開始修建西敏寺
愛德華一世 Edward I（1272～1307）	失地王約翰之孫	金雀花王朝	確立議會制度

寵幸佞臣的愛德華二世（1307～1327）

如以對外武功和政治手腕來評價，愛德華二世和約翰王一樣，應歸類於差勁的國王系列。但是歷史可以有很多視角，倘

若像亨利二世、愛德華一世這樣的雄主連續出現，英國的民主無從發展，人民也持續生活在戰爭的水深火熱之中。對政治缺乏興趣的愛德華二世一即位，對蘇格蘭的連年戰爭立即停止，而被其父利用來實踐王權的議會，也因其軟弱的個性與天真懶惰，讓議會發展的根苗得以存續下來。

但愛德華二世不善治國、寵幸小人卻是實情。據說愛德華金髮碧眼、英俊強壯，但他喜愛男寵，擅自將王室封地賞賜給佞臣加弗斯敦，又對貴族的特權加以限制，引起貴族的征伐。愛德華二世不懂權謀，只能與貴族妥協，換得表面的相安無事。1322年，他又寵幸另一個佞臣，為了賜封地給此人而引發衝突，他不惜與貴族開戰。另外，對皇后的長期忽略也令兩人關係決裂。來自法國的王后伊莎貝拉在丈夫的疏遠下，與法國馬奇伯爵莫蒂默愈走愈近，終於發生不倫關係。1326年，兩人從法國引來法軍登陸英格蘭，向英王宣戰。愛德華二世在英國不被支持，於是王后奪得政權，伊莎貝拉更透過議會，在1327年罷黜愛德華二世。

在愛德華二世的時代，議會的地位再度提高，因為在王權與貴族的鬥爭中，得勝的一方都會透過議會取得自身的合法性。1327年，愛德華二世死在獄中，相傳是被怨恨他一輩子的王后派人暗殺的。

今日的英吋（inch）在荷蘭語中是一截大拇指的距離。每個人大拇指長短不同，因此在愛德華二世的時代，在麥穗堆中挑選3顆最大的麥粒，將其併排，取此距離作為「1英吋」，並頒布「標準合法英吋」，自此英吋長度開始統一。

英法百年戰爭序幕——愛德華三世（1327～1377）

　　愛德華二世下台後，伊莎貝拉與莫蒂默成為英格蘭的實際統治者，當時即位的小愛德華只有15歲，因此大權掌握在莫蒂默的手裡，他在英格蘭飛揚跋扈，獲得許多封地與爵號，最風光的時刻曾經占有四分之一的全英國土地，根本不將國會放在眼裡。1330年，愛德華三世親政後，很快地集中力量將莫蒂默除去，剝奪其爵位，財產全數充公。他在位期間大力提倡尚武精神，並振興武備，準備進攻蘇格蘭，完成其祖父的遺願。1333年，他向北方進軍，打敗蘇格蘭國王，迫使其逃向法國。愛德華本身好大喜功，熱愛武士，他曾在1348年創立嘉德勳章，授與已經獲得騎士地位的人。

　　愛德華三世朝間最大的事，即是由他開啟英法百年戰爭，這是一場爭奪商業利益與繼承權的戰爭。自從諾曼第公爵「征服者威廉」於1066年入主不列顛島建立諾曼王朝開始，英法兩國就為英王在法國擁有大片領地的情況爭執不休，戰火迭起。西元1314年，也正是法王腓力四世（1285～1314）去世的第十四年，法國王位傳到他的三子查理四世（1322～1328）手上，但查理四世終其一生都未有子嗣，法國的卡佩王朝（987～1328）因此絕嗣。而腓力四世的女兒正是愛德華三世的母親伊莎貝拉，於是他以腓力四世之外孫身分，要求繼承法國王位。但法國貴族們表示女系無繼承權，他們最後擁戴腓力四世的姪兒，亦即開創法國瓦盧瓦王朝的腓力六世（1328～1350）繼位。西元1337年起，愛德華自立為「法蘭西國王」，並派兵渡海，而法王也在次年（1338）宣布沒收英國在法境的封地，於

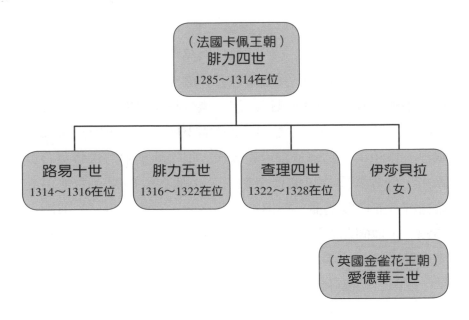

圖 2-3　愛德華三世與法國卡佩王朝的繼承關係

是開啟歷經116年的「百年戰爭」。

　　但另一個更為關鍵的開戰因素，則來自英法兩國的商業糾紛。英國自十三世紀便以羊毛為最大宗輸出品，而大多供應給位於法國的法蘭德斯（Flanders）領地，作為傳統毛紡織業的材料。法蘭德斯領地中較大的毛織業城市為布魯日（Bruges）及根特（Ghent），兩地與英國關係密切。十三世紀下半，城市內部因工人和富商之間的利害導致衝突，此時，法王企圖進入控制城市的內政，故派兵干涉。到了十四世紀初，布魯日等城市直接求助於英國，形成英法之間的競爭，再加上繼承問題，遂導致兩國之間的大戰。

　　百年戰爭起自1337年，終於1453年，大致可以分為四個階

段。英國的愛德華三世主動進攻，直至1360年兩國簽訂《布雷蒂尼和約》（Treaty of Brétigny），是為第一階段。1340年英軍在斯拉伊（Sluys）海戰中獲勝後，便登陸法國西北沿岸，開啟陸戰。愛德華三世有一個勇猛善戰的兒子也叫愛德華，被立為王儲，稱為黑王子（Black Prince）。黑王子愛德華作為前鋒，在法蘭德斯人的協助下，連戰連勝，直向東南方猛攻。1346年克雷西（Crecy）一役，英軍打敗數量為其雙倍的法軍，次年即占領重要的貿易港卡萊（Calais）。然而，自1348年夏天開始，一種奇怪的役病——即黑死病突然盛大流行，雙方軍隊皆大批死亡，戰事因此而稍息。但英軍又於1355年再起戰事，隔年大敗法軍，黑王子還俘虜了法王約翰。到了1360年，雙方損傷慘重，因此和談簽約。根據約中規定，法國羅亞爾河以南半個法蘭西皆屬於英國。愛德華三世則將法國西南大片領地賜給黑王子，封其為阿基坦公爵。

愛德華三世承繼其祖父善用議會的手腕來推行王權，他鼓勵貴族參與議政，也開放各郡代表參加會議。1330年，議會兩院制形成，在國王的要求下，每年需召開一次會議。在百年戰爭的第一階段期間，英國遭受了黑死病的威脅，英國不到400萬的總人口中，有150萬人死亡。大量勞動力的喪失造成農田荒廢，於是農人與工人遂聯合起來要求提高工資。然而，愛德華三世卻在1349年，透過議會頒布強迫人們勞動的法律，且工資照黑死病以前的標準給。1353年，議會也通過法案，禁止民眾向教會法庭上訴，以及向教宗交納什一稅。

晚年的愛德華受到情婦佩雷斯夫人的控制，開始庸庸碌

碌,將戰事全部交給黑王子,政事則交付給約翰蘭開斯特公爵。1364年,法國查理五世(1364〜1381)即位,他朝中有一位治軍有方、擅長作戰的大將古斯克林(Guesclin)。古斯克林廢除傳統的封建軍隊,召募兵力,嚴加訓練。1369年,他在法國西部大敗黑王子,並收復許多領地。在這一年,進入了百年戰爭第二階段,由法國主動進攻。接下來數年間,法國屢戰屢勝,而英勇善戰的黑王子在1371年身患重病回到倫敦後,英軍已經失去鬥志。當時法國也在長期的戰爭下經濟蕭條,財政空虛,因此1380年法王查理六世即位後,為免貴族反抗,不敢再戰。

黑王子在1376年過世,一年後,愛德華三世也過世。由黑王子的兒子理查即位。

表2-2　英法百年戰爭四階段

	時間	法王	英王	形勢
一	1337〜1368	腓力VI (1328〜1350) 約翰II (1350〜1364)	愛德華III (1327〜1377)	英國勝
二	1369〜1396	查理V (1364〜1381) 查理VI (1381〜1422)	理查II (1377〜1400)	法國勝

三	1415〜1420	查理VII（1422〜1461）	亨利IV（1400〜1413）亨利V（1413〜1422）	英國勝
四	1420〜1453		亨利VI（1422〜1471）	法國勝

末代金雀花──理查二世（1377〜1400）

理查即位時英國正處於內憂外患之間，10歲的他無力處置，實權皆在叔父約翰蘭開斯特公爵手上。由於近半世紀的百年戰爭，英國財力短缺，1378年，議會通過一項「人頭稅」的法案，規定12歲以上的國民都要繳稅。1380年以後，英法兩國戰事已歇息，但英國財政狀況遲遲未能回復，因此隔年（1381）便將稅額提高三倍，農民在極度沉重的負擔下，發起革命。領導人華特‧泰勒（Watt Tyler）率眾襲擊治安法官、教士、外國商人，並破壞許多地方的城堡和修道院。農民起義軍攻入倫敦後，要求與國王談判，然而卻反被用計殺害。

對於攝政王的專權，理查一直心有芥蒂，因此親政後，立即將堂弟亨利蘭開斯特公爵放逐出英格蘭，並沒收其領地。1396年，法國與英國簽訂一個20年的停戰協定，百年戰爭第二階段結束。無事一身輕的理查，開始打愛爾蘭的算盤。1399年，亨利趁著在理查遠征愛爾蘭時，帶兵攻進倫敦，並拘捕了及時趕回的國王。亨利利用議會，為理查羅織一個叛國罪名。理查因橫征暴斂令貴族痛恨，因此經過審判後罪名成立，其王

位被廢黜,由亨利即位,蘭開斯特王朝開始。傳說理查二世是手帕的發明者,英國王室札記這樣寫到:「國王用一小片衣物擦鼻子。」

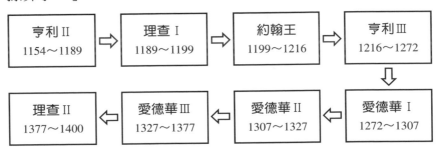

圖 2-4　英國金雀花王朝國王一覽

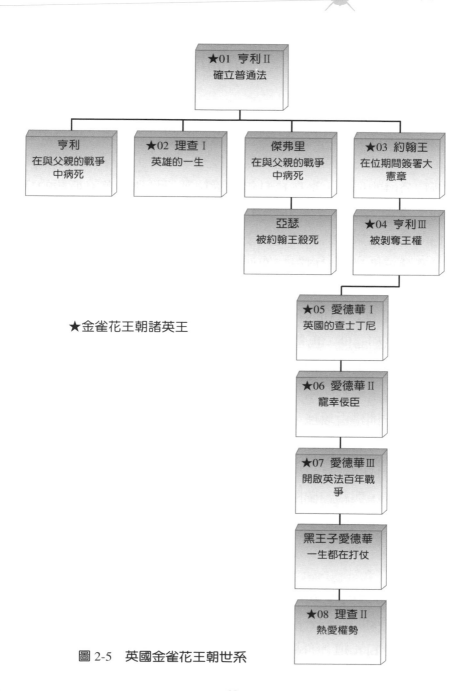

★金雀花王朝諸英王

圖 2-5　英國金雀花王朝世系

第三章 玫瑰之爭——蘭開斯特與約克

英法百年戰爭還沒打完，金雀花王朝已經結束。作為金雀花王朝支系的蘭開斯特家族進駐皇室。歷史上第一次出現蘭開斯特公爵的稱號，是在1351年，愛德華三世冊封葛洛斯蒙的亨利（亨利三世的曾孫，與國王同輩分）為蘭開斯特公爵，但1361年葛洛斯蒙的亨利逝世後，這個爵位就被撤銷。1362年，愛德華三世又冊封自己第四個兒子約翰為蘭開斯特公爵，蘭開斯特王朝便是這位約翰蘭開斯特公爵的後代。蘭開斯特王朝只有三任國王：亨利四世、亨利五世、亨利六世。之後開啟都鐸王朝的亨利七世，也是蘭開斯特公爵的後代。

亨利六世時，約克家族起來爭位，此後開啟了英國兩大家族的王位爭奪戰。由於蘭開斯特以紅玫瑰為家族標誌，約克家族的標誌則是白玫瑰，因此這兩個家族之間的戰爭，即是玫瑰戰爭（亦稱薔薇戰爭）。

第一代的約克公爵愛德蒙（1384年受封），也是愛德華三世的兒子，與約翰蘭開斯特公爵是兄弟。愛德蒙約克公爵的曾孫理查三世則開啟了約克王朝，理查之後還有愛德華四世、愛德華五世。

受議會擁戴的亨利四世（1400～1413）

亨利蘭開斯特公爵即位後，稱為亨利四世。由於亨利的王位取得非自正道，有篡位之嫌，因此在位期間政局一直不甚安

穩。許多皇族質疑亨利為王的正統性，各路人馬紛紛起來搗亂，加上西元1400年，威爾斯人起兵反抗英格蘭，因此在亨利四世14年的國王生涯中，大部分的時間都用在平定亂事。據說他身體不佳，當時與法國關係仍處於惡劣狀況，自己的兒子亨利也屢次圖謀篡位，讓他相當困擾。

在亨利四世所處的時代（十四世紀末至十五世紀初），英國議會已經非常重要，甚至可以罷黜國王、冊立新王。亨利四世因為了解議會的功用，而能善加利用以登上王位。有人說，亨利受議會擁戴而即位，開創了國王尊重議會意見的先河。雖然不一定客觀，但也說明了要取代國王不再只是靠武力就能成功。

幾乎滅掉法國的亨利五世（1413～1422）

亨利五世的父親，即是亨利四世，曾被理查二世流放出英國，但放逐期間，國王理查二世收養亨利，讓他獲得完善的宮廷教育。亨利四世即位後，亨利五世便被封為威爾斯親王、蘭開斯特公爵。1413年，亨利五世成為英格蘭國王後，蘭開斯特公爵之名號再度被撤銷。

亨利五世勇敢善戰，極度獲得貴族支持，願意披甲冑同他上戰場。他在位雖僅僅9年，卻重燃百年戰爭的戰火，且取得了比祖父愛德華三世更大的勝利。西元1415年，亨利受到法國勃艮第公爵的邀請，率領一萬名軍隊攻打法國。當時法國內部兩大貴族集團：南部的奧爾良公爵和北部的勃艮第公爵正在內鬥，而法王查理六世精神錯亂，無法處理內部爭鬥。在此窘

境又碰上英國軍隊，法軍無法抵抗，連連敗退。1420年，亨利五世迫使查理六世簽訂《特洛瓦條約》。法國在條約中承認：1360年《布雷蒂尼和約》中，割給英國的所有土地皆屬於英國。之後亨利五世娶查理六世的女兒卡特琳，而亨利得以在查理六世死後，繼承法國王位，等於是剝奪法國王儲查理的繼承權。從1415至1420年，英王亨利五世大敗法國，這是百年戰爭的第三階段。但戰事得意、春風滿面的亨利五世，還沒回國，就在1422年一場戰鬥中，罹患斑疹傷寒過世。其子亨利六世當年便在巴黎即位為法王。

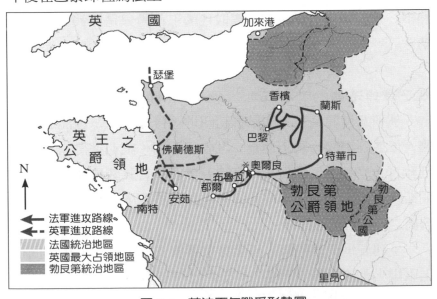

圖 2-6　英法百年戰爭形勢圖

亨利五世席捲法國的戰術，乃是以半披甲的長弓手為主力，先以令人應接不暇的長箭射向敵軍，而騎士在其後衝出廝殺。英國的長弓射程遠、威力強，而射箭需要用到食指和中

指相當強的力量。故法國士兵放出風聲，一旦俘虜英軍，要斬去他們的食指與中指。故英軍在戰勝法國後，會故意向法軍比出這兩根手指頭，也就是現在流行的勝利手勢，拍照時常會出現。

有功於教育的亨利六世（1422～1461，1470～1471）

亨利六世成為英法兩國之王時，才10個月大，因此英格蘭的王權旁落在堂叔約翰手裡，實際上是由議會所操控。而亨利六世成為法王，只有西北部承認，南部反抗聲浪不斷。流亡的法國王儲在羅亞爾河南部被冊立為君，是為查理七世。而英格蘭軍隊把持巴黎，繼續向南方征服，這是百年戰爭的最後一個階段。到了1428年，英軍已經包圍奧爾良公爵的城市。到了1429年，法國的整個北部地區和西南方，都在英國的控制之下，法國至此分崩離析，只剩下奧爾良一座城市未被攻破。這時，法國關鍵人物貞德出現了！

貞德是一位農家女孩，她聲稱自己是上帝派來拯救法蘭西的使者，在她的策劃與領導下，法軍連戰連勝，一一收復北部被英國占領的城市。1429年7月，貞德的軍隊收復瑞姆茲（Reims）——這是歷來法王加冕之地，查理七世終於正式登基為法國皇帝。然而貞德被出賣，1431年遭英軍逮捕，以女巫之名將她處以火刑。貞德死後，法人更加同心，齊力在1453年將英軍趕出歐陸。英法百年戰爭終於結束，最後是英國失敗。

從父親過世，到英法百年戰爭結束，亨利六世由小孩成長為一個大人。他生性淡泊，加上從小開始朝廷上的事都是長輩

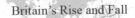

說了算，因此他不大干涉政治，在國王的無力與縱容下，這些貴族的權力也愈來愈大。亨利六世在位期間，政治方面雖乏善可陳，民主卻往前進了一大步，1430年，議會通過凡收入達40先令的男子便擁有選舉權，在英國法制史上是著名的成就。而亨利六世在1440年創建的伊頓公學、劍橋大學國王學院，至今仍是擁有影響力的王室名校。

英法百年戰爭期間，國內封建諸侯均建立了自己的直屬軍隊。戰後諸侯各擁武力，其中以兩支最為強大，一是蘭開斯特家族，另一個則是約克家族，他們都是金雀花王朝愛德華三世的後裔。從1453年開始，亨利六世的精神病間歇發作。理查約克公爵企圖成為亨利六世的攝政，故發動叛變，準備取代亨利六世成為國王。蘭開斯特家族對此不能容忍，依靠西北部大封建主的支持，廢除攝政。雙方的混戰從1455年開始，長達30年，史稱「玫瑰戰爭」。1461年，理查約克公爵的兒子愛德華進入倫敦，登基成為英王。王后瑪格莉特和王儲愛德華流亡到法國，亨利則逃至蘇格蘭。

蘭開斯特家族並沒有放棄，仍力圖反撲，內戰因此持續進行。1470年，愛德華四世最主要的支持者沃里克伯爵重新將亨利六世推上王位，但愛德華四世很快打敗了沃里克，將亨利六世關入倫敦塔。1471年，亨利六世被愛德華四世殺害。

花花國王愛德華四世（1461～1483）

新上任的英王稱為愛德華四世，他是依靠武力而非議會的支持而即位，因此早年對議會不甚尊重，在位22年間，只召開

過6次會議，最末幾年他才開始利用議會作為統治工具。不喜歡和貴族周旋的愛德華，更追求中產階級的支持，他吸收騎士、法官、律師進入會議，與大貴族抗衡。

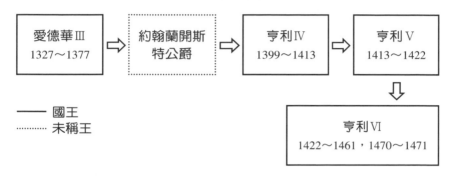

圖 2-7　英國蘭開斯特王朝世系與國王一覽

愛德華四世略有文藝復興式的君王風格，相傳他具有天才的社交能力，接見使者時和藹可親、風範十足，令人傾慕。愛德華四世非常喜歡和城市的財閥和商業鉅子往來，他熱衷接近聰明的男人與漂亮的女人，故與倫敦市民及他們的老婆過從甚密，花名滿天下。他也曾經獎掖新式印刷術，造成西敏寺卡克斯敦印刷所的興起，此為中古文化史的一大事件。

愛德華奪得王位有一個很大的支持者——沃里克伯爵，他擁立愛德華為帝，10年間卻沒有獲得任何好處。而愛德華四世因風流放蕩、恣意迎娶的王后伊麗莎白‧伍德維爾，屬於蘭開斯特家系，伍德維爾家族頓時權大勢大，影響了沃里克的權益，大大惹惱他。1469年，沃里克會同愛德華四世的弟弟克拉倫斯公爵喬治造反，但很快被愛德華平定，沃里克逃至法國。

法王路易十一本就唯恐英國不亂，積極促成亨利六世的王

后瑪格莉特與沃里克同盟，於是沃里克加入蘭開斯特家族的陣營，殺進倫敦，迎回自己一手推倒的亨利六世為王。但愛德華在勃艮第公爵的支持下（勃艮地公爵一向都和法王唱反調），加上回心轉意的弟弟喬治作內應，裡應外合，成功打倒沃里克。之後，愛德華四世血洗貴族，將所有擁有繼承權的貴族誅殺殆盡（都鐸家族逃至法國）。

總結來說，愛德華四世算是個英名的君主，頗得民心。他在位最後幾年，國家安定，政治平靜，國內因而稅收低，商業發展繁盛。一般認為，他在任內所為，為往後的都鐸王朝打穩了基礎。1483年4月，病危的愛德華傳位給王子，命令弟弟理查攝政。

倫敦塔的小王子──愛德華五世（1483）

愛德華四世有兩個兒子，大兒子12歲，成為愛德華五世登上王位；小兒子理查約克公爵更為年幼，才9歲。兩個月後，攝政王理查快速將愛德華五世和他的弟弟小理查送入倫敦塔。1483年6月26日理查自己登上了王位，成為理查三世，愛德華兄弟從此銷聲匿跡。1674年，工人在整修倫敦塔時，在磚石中發現裝有兩具小孩遺骸的盒子，幾乎可以確定正是當年失蹤的兩位小王子。

愛德華五世在國王的位置上沒有任何紀錄，但他和弟弟的故事不斷出現在傳說、鬼故事、各種創作中。都鐸時代的湯瑪斯・摩爾曾用英文和拉丁文寫成《理查三世傳》，內容提到將兩位王子殺死在倫敦塔，是由理查三世授意。但一般認為湯瑪

斯‧摩爾這部著作無法視為嚴肅的歷史看待，只是一部文學性
作品，也有人認為殺死兩位的王子的其實是亨利七世。莎士
比亞的鉅作《理查三世》即是根據湯瑪斯這本書為底本。1831
年，法國畫家德拉羅以兩位失蹤的小王子為題材，創作了油畫
《塔中王子》，生動地表現了兩位王子被囚禁時的恐懼表情。

理查三世（1483～1485）

在愛德華四世治理英格蘭的期間，理查是他的忠臣，更是
一名出色的軍事統帥和治理者。他的封地位於北英格蘭，被稱
為北方總督。他因支持大學、貢獻教堂，在北方受到民眾的愛
戴。在即位前，理查已經是英格蘭最有權勢的貴族。

1485年，亨利‧都鐸領軍成功登陸英格蘭，並於博斯沃思
原野戰役擊敗了理查三世。理查三世在戰場上死亡，他是約克
王朝最後一任國王，也是最後一個死在戰場上的英格蘭國王。

理查三世的名聲一直到現在都還存在爭議，包括他害死兩
個姪兒的事。二十世紀時，以英國貴族組成「理查三世調查委
員會」，蒐集所有相關資料，試圖找回真正的歷史真相。

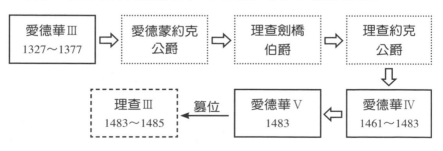

圖 2-8　英國約克王朝世系與國王一覽

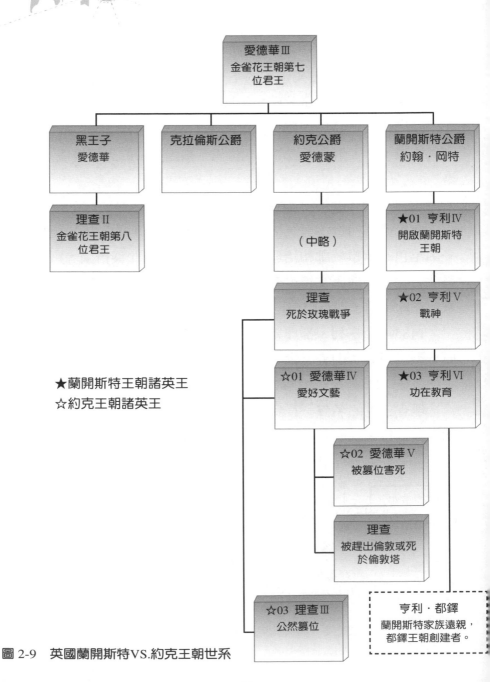

圖 2-9　英國蘭開斯特VS.約克王朝世系

第三篇

不敗的都鐸王朝

第一章　聯姻政策開創盛世——亨利七世

　　歷經英法百年戰爭與終年不休的內戰——玫瑰戰爭（1455～1485），英國境內淪於一片混亂的狀態。1485年，蘭開斯特家族的王室遠親亨利・都鐸（Henry Tudor）在博斯沃思原野戰役擊敗了理查三世，取得王位，成為亨利七世，結束了長達30年的玫瑰戰爭，開啟輝煌的都鐸王朝（The House of Tudor），更為英國歷史揭開一個新的時代。

圖 3-1　亨利七世
（取自維基共享資源）

　　亨利・都鐸的父親——里奇蒙第一伯爵愛德蒙・都鐸，是亨利六世同母異父的兄弟，也就是說，亨利・都鐸是蘭開斯特王朝的亨利五世之後裔，但他的王位繼承權其實來自於他的母親瑪格麗特・貝福特（Margaret Beaufort），為金雀花王朝倒數第二位君主——愛德華三世的第五代孫。為了強化繼承的正統性，亨利七世迎娶約克家族的伊麗莎白為妻，如此一來，象徵兩大王室的紅白玫瑰結合在一起，成了都鐸王朝的徽章。也使得兩人之間的子女，和往後都鐸王朝的君主，同時擁有蘭開斯特與約克兩王朝血統，但實際上都是金雀花王朝（安茹王朝）的後裔。

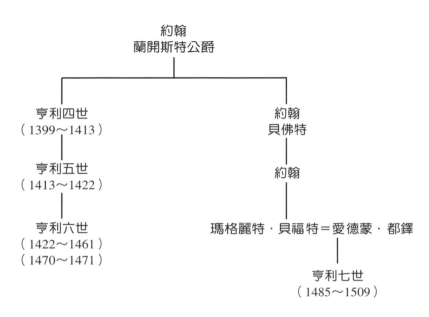

圖 3-2　亨利七世的蘭開斯特家系

剷除舊貴族勢力

　　嚴格說來，亨利七世成為英王，在繼承的法理上缺乏有力之憑藉，所以他十分明白需要民心的歸附，需要做一個普得民望的君主，而時代環境給予他這樣一個機會。經歷一百多年的內亂外鬥，英國的貴族大都在戰爭中凋零了，僥倖存活下來的也沒有什麼力量與王室抗衡，因此當亨利七世致力於國內秩序的恢復、清除殘餘的封建勢力時，並沒有受到太多阻礙。

　　他的重要作為之一是設立星室法庭（the Court of the Star Chamber），負責逮捕及審判有犯罪甚至反叛嫌疑的貴族，在除暴安良、誅除姦佞方面成效極大，深獲人民的歡迎。除此之外，他也創設由中產階級組成的「樞密院」，負責施行國王欽

定的政策。樞密官也有在國會提出法案、制定法律的權利,不過在亨利七世的時代,並不常召集國會,民眾對於此也無多大興趣。幾位偉大樞密官同時擔任星室法庭的法官,故當時星室法庭的地位相當地高。在財政方面,他個人崇尚節約,但同時又以沒收犯罪貴族財產、課徵罰金、獎勵外貿、課徵關稅等方式來充實國庫。至亨利七世去世時,英國大體已經是一個有秩序、財政健全、文藝方面也相當興盛的國家。

高超的外交聯姻政策

亨利七世在維持對外和平方面相當傑出,他致力於外交,使其他國家君主承認他的繼承為合法。首先,他看上當時最強大的國家西班牙,打算以聯姻促成兩國的友好。在亨利七世的安排下,長子亞瑟(Arthur)(1502年卒)與西班牙的公主凱薩琳(Catherine of Aragon)結為連理。但婚後不到數個月,亞瑟即逝世。為使兩國的友好關係不致中斷,加上無力償還金

圖 3-3　亨利長子亞瑟
（取自維基共享資源）

額甚鉅的嫁妝,亨利七世又以教宗的特許,令次子亨利與新寡的凱薩琳先行訂婚,當時的小亨利年僅12歲。都鐸王朝從此在國內外都獲得西班牙朝廷強力的支持。亨利對他的兩位女兒也採取同樣的策略。他將長女瑪格麗特公主嫁給蘇格蘭國王詹姆斯四世,次女瑪麗則嫁給法國國王路易十二為妃,積極拓展邦交。

當時西班牙也與奧地利的哈布斯堡家族通婚，而彼此友好，因此，屬於哈布斯堡家領土的尼德蘭諸省，和英國也算是姻親關係。亨利七世因為牽來牽去的婚姻連帶，在尼德蘭也能獲得重要的通商優勢，英國商人在西班牙和尼德蘭的貿易口岸都受到優遇。

黃金時期的奠基

都鐸王朝之前的王室，甚少顧及國內商人的權益，英國盛產的羊毛與毛織物品貿易，竟然多由外國商人經營。這是因為缺少王室的強力後盾，導致無法在他國得到該有的權利與優勢。這種情形直到亨利七世即位後的都鐸王朝，才有了根本上的轉變。

亨利即位之初，便在國會制定法律，規定若干種類貨物只許由英國水手駕駛的英國船舶進行交易，以部分保障英國航運業的專利。同時，他也取消外國商人在英國所享的特權，以有利於本國商人的競爭。對於繼續在英國享有商業特權的國家，亨利七世則設法與該國政府締結條約，為英國商人取得與他國互惠的權利。在這類條約中最重要的，便是得到王朝婚姻關係所助，與西班牙和尼德蘭之間的商約，使英國商業和羊毛業兼受其惠。

亨利七世的經濟政策影響後世深遠，諸如保護本國工商業以抵制外力競爭，與外國政府締結有利本國商人的商約，將經濟管制權自城市移歸國家，以及王權與中產階級密切合作等。這些政策成為往後三個世紀的英國政府繼續遵循的方向。因此

當亨利八世（Henry Ⅷ）於西元1509年繼位為英王時，他所繼承的已經是一個和平繁榮的國家，以及一個強大的近代化王室政府。

揭開航海時代序幕

英法百年戰爭之際，為了籌措軍資，英國開始頻繁從事海上貿易。而為了運送士兵橫渡英倫海峽（即英吉利海峽）作戰，英國也發展起海軍艦隊。亨利七世實為英國海軍的建立者，他打造了第一艘槳帆戰艦「偉大的亨利號」，其子亨利八世再擴增到正規常備海軍的規模，英國自此步入海權國家。此外，地理大發現時代才剛開啟的1496年，亨利七世便抓住時機，仿效各國海上政策，資助義大利航海家約翰‧卡伯（John Cabot）航行至今天的紐芬蘭（Newfoundland）。往後亨利八世更繼承父志，建立現代化的英國皇家海軍（Royal Navy）。日後，皇家海軍成為英國凝聚民族認同感的重要形象。

由亨利七世作為先驅，亨利八世再奠定皇家海軍的基礎與實力，終於在女王伊麗莎白一世時代開花結果。女王命令海軍將領法蘭西斯‧崔克爵士（Sir Francis Drake）探索新航線，經略太平洋沿岸的美洲土地，挑戰西班牙海軍。結果，崔克成為第一個真正帶領海軍環繞地球一周的艦隊長官。1585年，英國與西班牙開戰，直接挑戰西班牙國王菲利浦二世（King Philip Ⅱ）的無敵艦隊（Armada）勢力。1588年7月，英國在英倫海峽一戰打敗無敵艦隊，取代西班牙海上霸主的地位，並開啟日後300年大英日不落國的榮耀。可以說英國皇家海軍得以長

期耀武揚威於海上，皆是肇因於亨利七世的時代條件與個人遠見。

亨利七世本身藉由聯姻鞏固政治，為了讓英國的穩定更為長久，他也早就安排自己的兒女走上聯姻之路。我們不能將亨利八世第一任婚姻的失敗歸咎於乃父，因為兩人結婚初期情深愛篤、相敬如賓。至少在亨利七世在位時，各項聯姻都取得相當的成功，致使英格蘭國力大盛、國內商人前景可圖、海內外歡樂昇平，亨利七世因此而獲得百姓的支持與「賢君」的名號。

第二章　為愛拋信仰——亨利八世

　　都鐸王朝第二任君王亨利八世登場了！西元1509年，亨利七世過世時，留給兒子一個安穩的國家以及鉅額的王室財富。亨利八世是亨利七世的次子，原先並不預備作為王室繼承人，所以在亨利七世巧妙的安排下，從小就接受諸多神職人員的訓練，準備將他培育成優秀的主教。因此，當亨利八世19歲即位時，是一個精通神學、擅長寫文章、懂六國語言，還會彈琴唱歌的國王，他學識豐富，更是最早研

圖3-4　亨利八世
（取自維基共享資源）

習全球地理的歐洲統治者。年輕時期的他也擅長打獵、網球、射箭、摔跤等運動，他使用過一副龐大的擊劍甲冑，現還留存在倫敦塔中。

　　亨利八世為了婚姻問題，得罪當時的羅馬教皇，乘著歐陸各國紛紛掀起宗教改革的風潮，亨利也推出「英國國教派」的菜色，自己成為英格蘭最高宗教領袖，英國王室的權力因此達到巔峰。在武功方面，亨利八世本是愛爾蘭領主，後來更成為愛爾蘭國王，並將威爾斯併入英格蘭。他在位期間，建置海軍、壓制國會、反對僧侶、改革皇室禮儀，是個雄才大略的君主，但他的粗暴殘酷、剛愎自用或許更為出名。然而，擁有嗜殺本性的帝王極為常見，而像亨利八世這樣，留給後世這麼多

情史話題，也算是空前絕後了。

表3-1 亨利父子的政績

君王名	在位期間	政績
亨利七世 （Henry Ⅶ）	1485～1509 （共24年）	1. 設立星室法庭，專司逮捕審訊有反叛嫌疑的貴族。 2. 對外避免戰爭，採取「婚姻外交」政策，結好西班牙及蘇格蘭人。
亨利八世 （Henry Ⅷ）	1509～1547 （共38年）	1. 1510年，柯里創辦聖保羅學校。 2. 1529年，因婚姻問題傾向宗教改革。1532年湯瑪斯・摩爾託病辭職。 3. 1533年，議會通過禁止向羅馬教皇上訴的法案。 4. 1534年，公布「國王至上法」，成立英國國教會。 5. 1535年，製作「教會財產查定錄」。 6. 1536年，解散小修道院。 7. 1539年，解散大修道院，公布「六信條法」。

婚姻人生的開端

亨利八世生於格林威治的普拉森舍宮，是國王亨利七世和王后約克的伊麗莎白的第三個孩子。七名兄弟姊妹中有三人夭

折，剩下兩名男丁，也就是封為威爾斯親王的大哥亞瑟和亨利本人。兄長亞瑟作為王儲，受到眾人矚目，加上聰明俊秀，是英國人心目中優良的未來君王。1501年，亨利七世為其迎娶西班牙公主凱薩琳，但長期患有肺病的亞瑟王子，在1502年因病去世。由此，亨利繼任威爾斯親王，成為英國王儲。

根據亨利七世的聯姻策略，必須繼續維持英、西兩國的友好關係，加上凱薩琳帶來的嫁妝甚豐，因此亨利七世說服凱薩琳留下，並令次子亨利迎娶兄嫂。在當時的社會中，這是違反天主教教義的行為，除非得到教宗的許可才可以通行。凱薩琳堅持宣稱她一嫁到英國，丈夫亞瑟持續生著重病，因此兩人並未圓房，這段婚姻實屬無效。在凱薩琳的母親伊莎貝拉一世的努力下，教皇對此發布教皇特許令，准許她嫁給亨利。因此，凱薩琳在第一任丈夫死後14個月，與只有12歲的小叔亨利訂婚。1509年，亨利七世去世之後的6月11日，兩人正式結婚，半個月後在倫敦的西敏寺加冕。

兩人婚後感情甚篤持續數十年，堪為歐洲王室夫婦的楷模。24年來，凱薩琳產下六子，但是除了女兒瑪麗（後來的瑪麗一世，第四任都鐸君王）之外，其餘都早夭。一直想要男性繼承人的亨利，認定凱薩琳無法為他產下繼承人，對這段婚姻開始動搖。

撼動教廷的第二次婚姻

亨利八世剛即位時，曾著書駁斥馬丁‧路德、追擊異教徒，故被羅馬教宗特意表揚為「信仰的衛士」。但綜觀其一

生，亨利其實是個厭惡僧人、一心奪取宗教組織權力的君主，因為婚姻的現實利害問題，最終與羅馬教廷決裂。

當他對凱薩琳感到厭煩時，迷戀上女侍官安妮・博林（Anne Boleyn），並與之發生婚外情。為了安妮的名分，亨利指使他的親信，也是樞機主教、大法官的湯瑪斯・沃爾西（Thomas Wolsey）向教皇申請離婚，並派遣大臣威廉・奈特前去羅馬教廷遊說。亨利的理由是，凱薩琳與亞瑟的短暫婚姻裡已經圓房，因此亨利與她的婚姻理應無效。然而教廷不願得罪西班牙，凱薩琳可是西班牙公主啊！加上這椿婚姻乃是前任教宗所批准，破壞自家教宗的口碑可不是好玩的事，故遲遲不批准離婚。凱薩琳也不是省油的燈，抵死不從離婚，因為一旦答應，就等於自打嘴巴，否認自己早先所稱「嫁給亨利前是處女」的說詞。就在三方僵持不下之時，突然傳出安妮・博林懷有身孕的消息，亨利開始著急起來，決定主動出擊，與羅馬教廷決裂。

1533年1月，亨利與安妮祕密結婚。隨後，亨利強行通過一些重要法案，讓英國國會立法宣布脫離羅馬教廷。受到亨利幾番拔擢的坎特伯里大主教湯瑪斯・克蘭默（Thomas Cranmer），也隨即宣布「亨利與凱薩琳的婚姻無效」，以及亨利與安妮的婚姻為合法。亨利利用這次與教皇決裂的機會，解散修道院，自己成為英格蘭最高的宗教領袖。同年的6月1日，安妮・博林被加冕為英格蘭王后。三個月後，她生下女兒伊麗莎白（後來的伊麗莎白一世，末任都鐸君王）。這些挑戰教廷權威的舉動，震撼並惹惱對岸的羅馬教宗，他發出敕令，剝奪

亨利的教籍。但亨利並不在乎，乘機創立英國國教派，宣布從今以後，英格蘭所有宗教事務都由英王作最後裁決。

以激進的宗教改革為手段迎娶新王后，得來不易的這段婚姻，熱度卻也退得極快。國王對安妮的愛情並沒有持續多久，不到三年就轉愛為恨，因為安妮生下伊麗莎白公主後，連著兩次的懷孕都流產，讓亨利耐性磨盡。據說安妮本人也相當著急，甚至不惜要求與親哥哥通姦來產下繼承人，當然，這可能是亨利八世單方面的說詞，因為他又有新對象了，在迎娶新娘之前，得先要剷除安妮。1536年，亨利以叛國罪、通姦、亂倫等罪名，下令將安妮‧博林斬首。

第一王位繼承人誕生

安妮‧博林被處死的第二天，亨利旋即與安妮的侍女珍‧西摩閃電訂婚，十天後正式結婚，並宣布新王后的子女將是第一順位繼承人。突然之間，兩位公主瑪麗和伊麗莎白淪為私生子，繼承權被狠狠剝奪。1537年，作為亨利的繼承人愛德華六世誕生，珍‧西摩卻因產褥熱逝世。亨利對於這位妻子早逝感到傷痛，因為她是唯一生下男性繼承人的王后。

亨利與教宗決裂的同時，立即得罪天主教國家西班牙，國內的天主教領地威爾斯、愛爾蘭也與他為敵，這些舊貴族甚至勾結外敵叛亂。亨利八世為弭平國內叛變，將沒收的教產轉贈新貴族或資產階級，取得他們的支持，藉此打擊舊的貴族勢力，加強中央集權。與珍結婚的同時，他更通過國會立法，宣布威爾斯併入英格蘭，命令從此威爾斯人都必須使用英語作為

官方語言，讓當地人深感不便。此外，亨利也盡其所能地積極展開宗教權力的收回。1537年，亨利命令坎特伯里大主教湯瑪斯‧克蘭默交出奧特福德宮（Otford Palace），隨後命人拆除一些天主教聖徒的聖地。1542年，英格蘭剩餘的修道院全數解散，財產收歸皇室，亨利因而又大賺了一筆錢。

最幸運的「美麗」王后

擁有繼承人後，亨利八世開始為了儲君的未來鋪路。因為休掉妻子凱薩琳，他和西班牙已經撕破臉，故往後的新盟友即是發生宗教改革的新教國家德意志。出於政治、外交的考量，他打算再婚，而對象則鎖定在神聖羅馬帝國。一向幫亨利出主意對抗教宗的宗教特使湯瑪斯‧克倫威爾，推薦來自德意志克里維斯公國的安妮公主，她是神聖羅馬帝國克里維斯公爵（Duke of Cleves）的姐姐。公爵信奉新教，是亨利對抗羅馬教廷的重要盟友，家室背景夠強，克倫威爾立即派遣著名的畫家霍爾拜因前去繪製肖像，並將美麗動人的畫作快速運送回英國。亨利看到畫中人物如此動人，立刻同意結婚。不料，抵達英國的安妮本尊，面容並不像畫中潔白無瑕，因為畫家為求美感，並沒有如實畫出她臉上的痘疤。據說亨利私下批評她為「Flanders Mare」（法蘭德斯的夢魘）。然而，兩人還是於1540年1月6日結婚。

亨利勉強娶了克里維斯的安妮，大概是基於政治考量。但不久後克里維斯公爵與神聖羅馬帝國皇帝鬧翻了，亨利不想淌這渾水。這位安妮王后也很識時務，公開聲稱兩人並未圓房，

這樁婚姻於是被宣布無效。聰明的安妮因而明哲保身,被授予「國王的姐妹」榮銜,亨利還額外贈送給她一座城堡,讓她在此安享終年。而辦事不力的克倫威爾,被剝奪財產,最後因叛國罪被囚禁在倫敦塔,1540年被祕密斬首。從此以後,再也沒有人擔任「宗教特使」這個職務了。

不是只有國王會偷情

　　克倫威爾的失勢,其實也跟守舊貴族從中操弄有關,一見向來受寵的克倫威爾與國王有嫌隙,守舊派立即敲邊鼓為其編造罪名。此人就是亨利第二任老婆安妮·博林的叔叔諾福克公爵。克倫威爾被斬首當天,亨利在諾福克公爵的推薦下,迎娶安妮·博林的表妹凱薩琳·霍華德。新王后年輕又活潑,在嫁給亨利八世之前,情史從未斷過。進宮成為王后前,凱薩琳受到諾福克公爵夫人的祕書弗蘭西斯·迪勒姆的熱烈追求,兩人迅速展開熱戀,並以夫妻相稱。然而這對戀人卻被公爵夫人給拆散,在迪勒姆離去之際,兩人訂下婚約,就當時教會的定義來看,算是有效婚姻。後來霍華德家族為了重振家族勢力,把凱薩琳送進宮中當王后的女侍,年輕貌美的凱薩琳立刻吸引了國王的注目,年僅22歲就當上了亨利八世的第五任妻子。

　　當時亨利已經年過半百,身型臃腫,加上大腿受傷後沒有痊癒,一直流膿,早已失去年輕時期的魅力。雖然有華服珠寶與成群的女侍圍繞,凱薩琳的婚姻生活顯然過得不快樂,就在此時她邂逅了朝臣湯瑪斯·卡爾佩珀(Thomas Culpeper),並與之發生婚外情;更有甚者,凱薩琳還任命前任情人弗蘭西斯

為祕書。克蘭默得知後遂向亨利密報王后通姦，凱薩琳很快地就被處死，死時只有22歲。

最佳王室調解員

1543年，亨利迎娶富有的寡婦凱薩琳‧帕爾。凱薩琳是個新教徒，且宗教觀點甚為先進。亨利早年進行的宗教改革，是為了現實利益考量，實則他骨子裡的信仰還是偏向天主教多些。因此，每當兩人為宗教問題進行討論時，凱薩琳的發言總會觸怒亨利，好在她總是及時讓步，否則依照亨利的性格，可能又要多一個不得善終的皇后了。新皇后雖沒有子嗣，但她卻協助恢復一個原本應存在的正常家庭。凱薩琳將分散在各地教養的瑪麗、伊麗莎白與愛德華接回宮中一同教養，並極力協調這些孩子和他們父親的關係。在她的努力下，亨利和兩個女兒瑪麗、伊麗莎白和解。1544年，國會通過第三部《王位繼承法》，重新賦予瑪麗和伊麗莎白的繼承權，雖然仍被視為私生子，但依法規定，愛德華王子之後的合法繼承人是兩姊妹。

亨利晚年的身體狀況不佳，年輕時期的翩翩風度已不復見，發胖情形甚為嚴重，據說他可能染上痛風。之前在一次馬上長矛比武中，亨利傷及大腿，傷口潰爛，遲遲未見痊癒。1547年，因為腿傷引發感染，亨利八世以56歲的年紀去世，當時王儲愛德華王子才9歲。英國人對亨利八世的六任皇后有個簡單的記憶口訣：「離婚砍頭死、離婚砍頭活。」最後一個「活」下來的，就是凱薩琳‧帕爾王后。

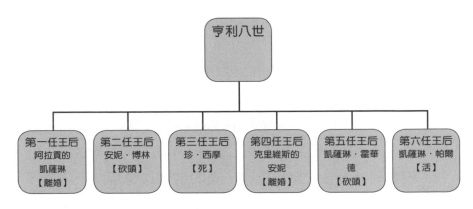

圖 3-5　亨利八世六任皇后的結果

西敏寺擴建的過程

　　西元1045年，懺悔者愛德華因未能信守承諾前往教廷朝聖，對教皇十分虔誠的他，便興建一座修道院表示贖罪。他以石材重新修建一座倫敦西區教堂，這座教堂在西元八世紀已經存在。這座新教堂是用來紀念聖徒伯祿，與東區紀念聖保祿的大教堂意義有別。1065年12月28日，西敏寺完工啟用，當時病重的愛德華並沒有親臨主持，8天後，這位首度修建西敏寺的國王去世。

　　近兩百年後的1245年，進入了金雀花王朝。英國史上忠心於教皇的程度算是數一數二的亨利三世，以當時流行的「哥德式」風格重建西敏寺，原本諾曼風格的建築一改為歌德式建築。這次的擴建工程相當長久，但大部分的工作是在理查三世時期（1452～1485）進行。一直到1517年亨利八世統治下才算全部完成，成為歐洲中世紀風格的代表作品。1534年，亨利八世和羅馬教廷斷絕關係後，下令西敏寺由英國國王管轄，其後

四十多年間，西敏寺多半處於關閉狀態。伊麗莎白一世在1579年將西敏寺改制為學院，西敏寺的正式名稱成為「威斯敏斯特聖彼得學院教堂」，其後三個世紀，西敏寺成為牛津與劍橋之後，排名第三的英國高等學府。

國會地位的提高

在亨利七世的時代，國會權力受到壓制。亨利八世即位初期，年紀尚輕，因此相當倚賴父親留下來的朝臣沃爾西。沃爾西是一個中古時代的主教，也是文藝復興派的外交家，但他在某些方面頗為守舊，例如對海權的重要性、國會的用處，絲毫不注重。但亨利八世不然，他創建皇家海軍，更利用國會達成宗教改革。1533年，英國與羅馬決裂後，善後問題、寺院的解散與封閉、國王是最高宗教權威的確立，都是經過樞密院的擬定，而後經兩院的討論與通過。可以說，英國的宗教改革提高了國會的重要性。

1543年，亨利甚至認可議員擁有不被逮捕的權利，他向國會發表演講時，提到「在國會中，王室是首領，但議員是會員，兩者聯合組成一個政治團體」的發言。由此可知，當時國會的地位已逐漸提升，雖然仍是受到亨利八世的指揮。

文藝復興

亨利八世的時代文藝頗為可觀。據說他的朝廷人才濟濟，比任何大學都聚集更多的知識分子。不過這位利益至上的君王，雖鼓勵研究人文主義，也處死過幾位傑出的英國人文學

家，例如以《烏托邦》名聞世界的湯瑪斯・摩爾。

英國姓氏的由來

十六世紀的歐洲核心是西班牙，英國只能算是個邊陲國家。而熱愛追隨潮流的亨利八世，從「先進國家」西班牙學得了掌握戶口的方法。英國人原本只有俗名和教名，若名字重複或雷同，至多再加上地方名以示區別。但亨利八世下令每個家庭必須擁有自己的「姓氏」，詔令一頒布，地方官吏緊急為各家安排姓氏，人民對姓氏並沒有概念，因此隨便找個顏色（White）、職業（Butcher）、或居住地（Woods）作為姓氏，五花八門。當每個家庭都有自己的姓氏，對於國王的統治和收稅來說，無疑都便利許多。

宗教改革的真實樣貌

亨利八世的著名事蹟之一就是他的宗教改革。他在位期間，歐陸正掀起一波宗教改革的浪潮，馬丁・路德教派和喀爾文教派最為人所知，而亨利八世創制的英國國教（Anglicanism），在新教當中也占有一席之地。亨利八世一直到去世前，他在宗教上頭銜都是「蒙上帝恩典，英格蘭、法蘭西和愛爾蘭國王，信仰的守護者，英格蘭和愛爾蘭教會之首亨利八世」，原文為「Henry the Eighth, by the Grace of God, King of England, France and Ireland, Defender of the Faith and of the Church of England and also of Ireland in Earth Supreme Head」，相當氣派！由這長串的名號，再仔細探究英國國教的教義與儀

式，便可發現其中與天主教最大的差別，即是教皇的權威轉移到英王手中。現在就讓我們來看看「新教」究竟是如何產生的？

　　亨利八世曾是虔誠的羅馬公教徒，1521年，他發表《七聖禮論》維護天主教的地位，譴責新教徒犯上作亂，並將馬丁‧路德著作列為禁書，而獲得教宗頒賜「信仰維護者」。然而，後來因為婚姻問題，亨利與羅馬公教發生衝突，把離婚之事內政化，另與國內改革派學士熱絡，於1529年的復活節主張沒收教會財產，回到簡易的宗教生活。

　　1531年，亨利八世不許英國教士向羅馬教宗效忠，強迫教士會議宣布「國王是教會最高的元首」。隔年在他的壓迫下，議會通過法案，規定未得國王許可禁止進貢羅馬教宗，教會亦不得制定法規，而國王有委派權及審批教會法規權。至此，英國的教會不需要聽從羅馬教宗號令，國王才是他們的宗教領袖，因此，主教的任命或教民的捐納貢獻，再也不用「過海」這麼麻煩，全部都交給國王處理就好。1533年，由國王任命的坎特伯里大主教，宣布亨利與凱薩琳婚姻無效，並追認安妮為合法皇后。

　　亨利接連利用議會通過法案，陸續發布不許英國教會法庭上訴羅馬教宗、禁止教會不經英王許可發布規章、教會須依英王指定的候選人選主教、不承認英王的最高權威即是叛國罪等規章，並且取消給教宗的獻金，成立英國國教會。1534年的《王位繼承法》中，宣布凱薩琳的女兒瑪麗是私生子，安妮的女兒伊麗莎白為繼承人。羅馬教宗在1534年憤而革除亨利教籍

後，英國又通過《最高權威法》，宣布亨利及其繼位者為英國教會最高領袖。

當羅馬教宗暫時拿英王沒輒時，亨利開始認真思考，要好好「處理」一下有錢的教會了。1535年他制定教會財產查定錄，隔年就沒收較小修道院的財產，一些農民土地也「順便」被剝奪，林肯郡、約克郡陸續爆發農民起義。但他又在1538年禁止修道。天主教大國法國、西班牙以維護教皇為名，大舉入侵英國時，亨利八世曾求助德國，但德國屬新教路德教派，也不站在英國一方，故拒絕援助，亨利大怒，大家都在宗教改革，你不支持我就別怪我不客氣！英國國內的新教徒開始沒好日子過了。

歷經數任終於成形的英國國教

亨利聲稱為了平衡英國與信奉天主教國家間的張力，1539年通過「六信條法」：信徒在聖餐儀式中只許領餅不許領酒、規定三位一體、變體說、彌撒、懺悔、教士獨身等天主教主要教義和儀式必須遵行。這些內容皆是天主教的範疇，人民對於亨利的宗教傾向愈來愈模糊。1540年，在反改革派挑唆下，亨利八世迫害改革派，禁止一般平民閱讀英文聖經，禁止基督新教的教義在英國內傳播，強調自己是天主教教義的擁護者。亨利八世始終在改革派與反改革派之間搖擺，而英國國教會除了不承認教皇的權威，理論和原則與天主教並無分歧，但不服從教皇在舊教徒看來仍是個大異端，故一般將英國國教列為基督新教的一個單獨教派。

　　亨利八世過世後由9歲的愛德華六世繼位，他是個新教徒。在1547年登基後，愛德華立即廢止六信條法及天主教彌撒，允許教士、牧師結婚。1549年通過《劃一法》，命令各個教會統一使用一本《公禱書》，內容揉合古英國教會禮拜儀式，以及天主教、路德教派及喀爾文教派的禮儀，簡化儀式並以英語崇拜聖經。1552年修訂出第二版，指定當時的英國主教制定「四十二信條」（後改為三十九信條），這些條文於1553年通過。因此，《公禱書》和三十九信條，便成為英國國教的教義和禮儀的基礎。

　　1553年愛德華死後，虔誠的天主教徒瑪麗繼承王位，她命令國會宣布她的母親凱薩琳與亨利八世的結婚為合法，廢除亨利八世與愛德華六世的法條，將提倡改革的主教關進大牢，恢復天主教為國教，並把王權服膺於教宗之下，由於瑪麗的迫害，使數千名宗教改革家逃亡至歐洲。

　　信仰新教的伊麗莎白登基後奉行英國國教，1559年國會追認她的王位合法，又通過最高及統一權法，取消瑪麗通過的法規，再使英國國教凌駕於天主教上。伊麗莎白任內對宗教的貢獻包括：規定異端的懲處必須依據聖經及國會議決；修改第二版《公禱書》，刪除反對教宗的祈禱文，以減少舊教與英國國教的緊張態勢；她也不討論基督的物質是否存於聖餐，因為這個議題常成為新舊教徒衝突引爆點。在亨利八世的時代，英國國教較偏向天主教，但經過愛德華六世與伊麗莎白的努力後，英國國教轉變為以聖經為權威、使用《公禱書》的新教支系。一直到現在，英國皇室仍依據1701年通過的《王位繼承法》，

規定信仰天主教者，視同放棄王位繼承。

現代的英國國教（聖公會）則可能因同性婚姻議題而面臨分裂：2003年坎特伯里大主教與主教團共同發表了反同性婚姻的聲明，而加拿大聖公會主教將主持同性伴侶福證儀式，授權給轄區教會，由此可見聖公會將面臨的難題。

宗教改革的先驅

相較於起因是「離婚」的英國國教派，「正港」的宗教改革發生在歐陸。歐洲因教會組織和教士傳統悠久，教會坐擁龐大的教產，導致教會日漸失去活力，聖職人員的道德鬆懈，日漸腐敗。而在人文精神逐漸昂揚的十六世紀，反對教會墮落的聲音開始出現。十四世紀起，近代城市興起，富裕的義大利佛羅倫斯積極推動新型藝術的發展，成為文藝復興的搖籃。當時的學者研讀古典文學，追求真實的美感，認為上帝所創造的自然是最好的。既然上帝已經創造了最好的世界，人為的教會組織是否必要，值得深思。為何一定要透過教會人士才能與上帝溝通？為何只有教士擁有聖經解釋權？在如此質疑之下，又看到一個只強調權威與斂財的教會組織，因此引起人民反感。當然這些「人民」，主要是指住在城市的人。

但其實早在十二世紀，已經出現一些對宗教有不同解讀之人，如瓦勒度、胡斯、威克里夫等，他們四處疾呼奔走，推廣更純淨的信仰，以及一個更為平等、公正的社會。作為先驅，他們面臨殺戮與迫害，但也因為這些改革者，才能成就一百年後略有成果的宗教改革。

　　西元1177年，一位名為瓦勒度的商人，捨棄家財，將拉丁文聖經翻譯為方言，並集合過著獻身生活的男女，教他們理解聖經，並讚揚貧窮才是真正的美德。這些人在一起過著儉樸的傳道生活，而這些行為，卻與羅馬教會中的奢華和放縱成為極大的反差，影響羅馬公教的地位。當時的羅馬教宗決定剷除異己，因此禁止瓦勒度派講解聖經，並判為異端。為了堅持其熱忱與強大的信念，瓦勒度派依舊不屈不撓往其他地區傳道。

　　十四世紀的英國，也出現一位激進的宗教改革家威克里夫。威克里夫是哲學、神學博士，憑藉豐厚的學識，他在1369年擔任英王亨利三世的侍從神父。威克里夫個性堅毅，他在國王的朝廷中，抨擊聖職人員與政權太過親密，政教不分，主張應將信仰歸還人民，返回聖經的權威。他也質疑羅馬公教的無上權力，並痛斥托缽僧的罪惡。當時傳播書籍的方式以手抄本為主，威克里夫卻將聖經從古語翻譯成英文，並推廣至人手一本。這是一個極大的突破，因為在宗教改革之前，聖經的冊數極少，擁有特殊地位的人才能持有。再者，能深入閱讀拉丁文聖經的人寥寥可數，可說宗教思想被菁英分子所壟斷，但威克里夫將聖經平民化推廣，作為往後新教改革推動的基礎。威克里夫也重重地抨擊教皇命令各國王納貢之事，已干涉君權和朝政，嚴重傷害各國國力，已失去宗教的本質意義。威克里夫的思想影響日後甚深。但他死後教宗對他的理念深惡痛絕，不但將他逐出教會，而且宣布所有對他的追思都是有罪。1428年，他的骸骨被挖出並焚燒，骨灰被丟至史威福溪中。

　　1369年，在歐陸波希米亞農家，一位深受威克里夫著作影

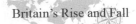
響的胡斯誕生了。1401年，他成為布拉格大學神學部主任，1409年更成為校長。他將威克里夫的許多作品翻譯成捷克文，使一般平民更廣泛接觸神學思想，與威克里夫不同的是，胡斯贊成平民在彌撒時也可領聖杯，而不是只有神父可領。他在講道中嚴格要求教士的道德生活，並譴責腐敗的羅馬公教，認為必須徹底改革教會，將罪惡連根拔起。胡斯和他的信徒否認羅馬公教之教義，故被羅馬公教視為異端，在羅馬教廷的審判下，胡斯被處以火刑燒死。胡斯的殉道激起捷克人的民族主義，擁護他的貴族與民眾於是以武力反抗羅馬公教。1420年，因此發生了為期14年的波希米亞戰爭，也稱為胡斯戰爭。

表3-2　新舊教比較一覽表

教派	領導者	特色	傳播地區
羅馬公教（舊教）	羅馬教宗（羅馬帝國分裂後）	教宗至上，崇拜聖經、瑪利亞等傳統象徵。	神聖羅馬帝國、歐洲諸國
路德教派（新教）	馬丁·路德	否定教宗權威，主張因信得救，以聖經為皈依。	德國、丹麥、匈牙利及其他德語區；挪威等北歐各國
喀爾文教派（新教）	喀爾文	神學系統完善，受工商業者歡迎。	西歐地區、蘇格蘭區域、瑞士、奧地利等國
英國國教派（新教）	亨利八世	因婚姻關係而創教，主張政教合一。	英國本土及其殖民地

第三章　燦爛一時的繼承者──愛德華六世

　　風流冷血的亨利八世死後，接連繼位
的是他與不同女人所生的三個孩子：他們
分別為愛德華六世、瑪麗女王、伊麗莎白
女王。亨利八世一生最為人所熟悉的是他
的六段婚姻以及與天主舊教切割，自封為
英國國教最高領袖的風波。也因此，這三
位繼承人一生的勢消勢長，與他們母親以
及本身的宗教立場緊緊相扣。

圖3-6　愛德華六世
（取自維基共享資源）

　　亨利八世的兒女之間幾乎沒有手足之情，有的只是現實政
治的考量，政治投機者視他們為確保自己利益的手段。不論是
瑪麗或是伊麗莎白，皆曾被當成政治婚姻的目標，但兩位多次
陷入險境的公主，最後皆成功地保護了自己。按照亨利死前最
後訂定的繼承法規，他與第三任妻子珍‧西摩所生的兒子愛德
華，為第一順位繼承人，接下來為凱薩琳所生的長女瑪麗，以
及第二任妻子所生的伊麗莎白。在宗教上，愛德華和伊麗莎白
支持新教，瑪麗則堅決擁護舊教。由於這三人果真如亨利的安
排一一繼位，英國的宗教政策便隨他們先後繼承改過兩次，直
到伊麗莎白執政，英國才確立了新教的基礎。

堅持新教的九歲國王

　　愛德華不滿10歲就成為國王，對新教的立場卻非常堅定。

亨利八世雖然拋棄天主教，成立了新教，卻沒有廢除天主教儀式，本身的宗教立場也偏於保守，與代表舊教的教皇絕裂——這個決定的背後僅是單純的政治與婚姻的考量。然而愛德華成為國王後，在身邊新教人士的推波助瀾下，新教被正式定為英國國教，同時廢除彌撒和神職人員的獨身制度。然而，瑪麗的母親凱薩琳來自西班牙這個極度虔誠的天主教國家，新教更被亨利利用來使其離婚合法化，瑪麗理所當然會成為天主教制度的捍衛者。

愛德華和瑪麗兩人在宗教信仰上的齟齬一直持續著。有一次，瑪麗、愛德華、伊麗莎白姊弟三人一起出席聖誕聚會，當時瑪麗已經三十多歲。席間，愛德華竟當眾斥責她不尊重國王訂定的宗教法律，瑪麗深感受辱，甚至因此掉淚。類似的事件還有，瑪麗曾被禁止在她自己的小教堂內舉行私人彌撒，直到她向西班牙的查理五世求助，才得以繼續。伊麗莎白雖然也支持新教，但態度較溫和，在瑪麗執政期間，她假意歸服天主教，雖然瑪麗知道她真正的立場，卻也無法從表面上的宗教信仰上攻擊她。

處心積慮的繼承安排

1547年1月，亨利八世去世，年僅九歲的愛德華繼位。愛德華自小有神童的稱呼，聰敏篤實，但身體虛弱。他比乃父亨利八世略為仁慈，但一面臨到宗教問題，他的嚴峻卻不亞於亨利。在愛德華的時代，國家勢力落入以清教徒為主的攝政議會中，由他的舅舅——愛德華‧西摩攝政。在1549年的《改革法

案》中，新教被正式定為英國國教，此後教堂儀式皆改為清教徒使用的儀式，並使用坎特伯里大主教湯瑪斯·克蘭默所編著的《公禱書》。

愛德華·西摩的權力招來弟弟湯瑪斯的忌妒，湯瑪斯不甘於哥哥幫忙安排的職位，於是祕密策劃綁架愛德華，讓他與自家的珍·葛雷結婚，自己則計畫與伊麗莎白結婚，藉此奪得大權。結果他的計畫與自己的性命一同終結，他的哥哥還因此受牽連，最後攝政的位子轉給約翰·達利公爵。

愛德華自小瘦弱，亨利八世正是因為顧忌到這點，所以在死前變更繼承法案，恢復瑪麗和伊麗莎白的繼承權。果然這位年輕國王的健康問題到後期愈來愈惡化，身邊的大臣都明白他不會活得太久，必須盡快思考王位繼承人的事。按照排序，愛德華死後若沒有孩子，則應由姊姊瑪麗繼承。

身為新教徒的約翰·達利公爵為了防止政權落入天主教人士手裡，開始搬動他的棋子。他先讓自己的兒子與都鐸家族成員中的珍·葛雷結婚，再替病榻上的國王擬好遺囑，請他簽字，遺囑中聲明兩個公主是非婚生子女，不具有合法繼承權，改由珍·葛雷繼承王位，並打算在之後說服珍將她的丈夫任命為國王，這樣權力便不會落入他人手上。

1553年，年僅15歲的愛德華離開人世，葬於西敏寺聖母堂。約翰·達利的算盤看似完美，卻不敵瑪麗和她支持者的勢力。約翰一宣布珍為英格蘭女王，珍所任命的士兵卻馬上被擁護瑪麗的人馬給打敗。珍和她的丈夫被判密謀罪，關入倫敦塔。數個月後，珍的父親、丈夫以及她本人均被指控以高度叛

國罪處死。

史上最倒楣的九日女王

看過海倫娜波漢卡特飾演的《九日女王》的人，一定會對片中氣質高貴清純、我見猶憐又堅守原則的Lady Jane印象深刻。珍到底是誰呢？如果她當過女王，為什麼英國的女王名冊中沒有她的名字？

珍‧葛雷是亨利七世的曾外孫女，她的母親是英王亨利七世的么女瑪麗和她的第二個丈夫薩福克公爵查爾斯‧布蘭頓（Charles

圖3-7　珍‧葛雷
（取自維基共享資源）

Brandon, 1st Duke of Suffolk）的女兒。她的母親薩福克公爵夫人弗朗西絲也身為王位繼承人之一。但愛德華六世去世時，弗朗西絲放棄繼承權，讓女兒珍‧葛雷登基成為女王。整個過程十分突然，令從來沒有過這個念頭，不到16歲的珍感到心驚憂慮。不過，她不願成為政治下的傀儡，加冕儀式後，她拒絕任命自己丈夫吉爾福特‧達利（Guildford Dudley）為國王，只願封給他爵位，她的公公約翰‧達利曾經抱怨：「和其他都鐸家的人一樣，她固執得像隻驢子。」

珍是一位不折不扣的貴族小姐，她有一對嚴厲的父母，從小做任何事都必須遵守規範，否則必定會遭受責罰。幸好她有一位溫和開明的老師約翰‧艾爾墨，使她在學習中能得到稍稍喘息。她在約翰的指導下學習拉丁文、希臘文以及希伯來文，接受當時最頂級的人文學教育。湯瑪斯‧西摩為了讓珍日後成

為愛德華的王后，處心積慮地安排她進入王宮，陪伴在亨利八世最後一任妻子凱薩琳・帕爾身邊。雖然這份野心最終以失敗收場，不過珍卻在凱薩琳的鼓勵下，培養了對學習的愛好。

令人印象深刻的是，珍對新教的信仰堅定不移。當她被關進倫敦塔後，瑪麗女王兩度派人要求她皈依天主舊教，她都拒絕，寧願受死。後來，珍被祕密處決於倫敦塔內的格林塔。當時祕密處決屬於少數貴族的特權，她的死既然來自女王的指令，表示瑪麗女王對這位表親相當尊重。珍的丈夫吉爾福特・達利則是被公開砍頭。

表3-3　都鐸君主的宗教傾向

序	君主	教派	宗教傾向
1	亨利七世	羅馬公教	舊教
2	亨利八世	英國國教派	舊教
3	愛德華六世	英國國教派	新教
4	珍・葛雷	喀爾文教派	新教
5	瑪麗一世	羅馬公教	舊教
6	伊麗莎白一世	英國國教派	新教

第四章　血腥女王——瑪麗一世

　　由番茄、伏特加、檸檬、芹菜等材料調成的雞尾酒，以像鮮血而被命名為「血腥瑪麗（Bloody Mary）」。其由來有兩種說法，一是來自中古時期住在布達佩斯的女伯爵，相傳她為了留住青春，每天以少女的鮮血沐浴，因為她，有三千多位年輕少女受害。另一種說法，就是用來形容屠殺數百位新教徒，血染英國、殘暴的瑪麗女王。

圖3-8　瑪麗一世
（取自維基共享資源）

　　瑪麗性格的殘忍暴躁其來有自，她原是眾所矚目的小公主，少女時期眼見母親遭受冷落排擠，父親的無情更讓她一瞬間從公主變成婢女。她曾因堅持公主身分而招來安妮・博林的忌恨，還曾因不承認新的繼承法案引來父親的殺機。另一方面，她又必須在國王父親的面前示弱。為了保住自己的地位甚至是生命，瑪麗寫過多封表達謙卑順從之意的信。身為王室公主及天主教捍衛者的自尊混雜著多年所受到的漠視和羞辱，使得她即位後，不顧反對，與西班牙宮廷結親並鎮壓新教徒。

志得意滿的童年

　　瑪麗・都鐸出生於1516年，是亨利八世與第一任妻子凱薩琳的女兒。在她之前，凱薩琳曾懷過一位胎死腹中的女兒

和三位早夭的男孩，她則是唯一倖存的孩子。在亨利八世與凱薩琳離婚之前，她的身分是英國國王的長女。他的表哥身兼西班牙國王以及神聖羅馬帝國國王，家室烜赫。母親凱薩琳本身擁有不輸給男人的學問與能力，由她親自擔任公主瑪麗的拉丁文啟蒙老師。亨利八世另外又聘請西班牙人文學者威畢（J. L.Vives）入宮指導瑪麗公主。除了人文教育，幼時的瑪麗更展現了音樂上的才華。她在5歲半時曾在法國使節面前表演維金納琴（流行於十六至十七世紀的英國古鋼琴），讓亨利八世感到十分自豪。在她9歲時，獲得了威爾斯公主的名號和領地，而這個名號自古以來皆被視為王儲專屬。

　　即使亨利八世曾經表示過對這個女兒的得意之情，對於瑪麗非男兒身卻相當在意。而以公主之身，也逃不掉古今中外公主們共同的命運——政治婚姻的安排。在2歲的時候，亨利八世即為她謀劃了與法國國王弗朗索瓦一世兒子的婚事，對方當時也只是襁褓中的嬰兒。3年後，因亨利的外交策略改變，婚約宣告無效。1522年，她又被安排與22歲的表哥，西班牙國王查理五世締結婚約。後來查理五世與一位葡萄牙公主結婚，這樁婚姻於是告吹。由於瑪麗被安排的政治婚姻都不成功，她反倒度過了安穩的一段時間。

從天堂掉落地獄

　　雖然英國不像法國訂立了限制女性繼承王位的法令，但許多人包括亨利八世仍深信女人無法組成強力的政府來領導英國。當凱薩琳的年紀愈來愈大時，他知道自己擁有「子」嗣的

希望愈發渺茫了。1532年，瑪麗16歲時，年輕貌美的女侍官安妮·博林懷了國王的孩子，亨利不惜剷除各種阻礙與凱薩琳離婚，立安妮為皇后。

一夕之間，英國第一公主淪為私生女，原來公主的身分和領地皆被取消，被迫遣散僕眾，而繼承的順位也必須轉給安妮的女兒伊麗莎白。1533年隆冬，17歲的瑪麗被指派為剛出生的伊麗莎白的眾多女侍官之一，服侍小伊麗莎白的飲食起居。亨利甚至不准她見自己的母親、不准她參加母親的喪禮。瑪麗即使在如此窘境中，仍堅持自己是國王的女兒，拒絕承認自己是「私生女」，亨利八世為此而震怒，他取消瑪麗所有可能的婚事，一直到瑪麗37歲即位前，她都還是獨身。在這段時期，瑪麗深受身體與心理疾病的侵擾，這和這些風波所造成的壓力不能說沒有關係。這些變故也在年少瑪麗的心中悄悄埋下了日後各種慘忍行徑的種子。

受到擁戴即位

擔心姊姊瑪麗成為英國女王後會恢復天主教，愛德華在死前遂宣稱兩位公主姐姐是私生女的身分，不具有法定繼承權。為了阻止瑪麗上位，他甚至必須犧牲同信仰新教的伊麗莎白。不過愛德華死後的英國社會，大多數人都傾向擁戴瑪麗，其中包括倫敦市長。除了因為同情凱薩琳的遭遇，也包含了希望恢復天主教舊秩序的聲音，加上瑪麗的母親凱薩琳當年在英國，一直維持端莊賢良的皇后形象，國人對於她的女兒實抱有相當的期待。瑪麗很快便擊退了珍·葛雷以及珍的公公約翰·達利

公爵的派系家族，在民眾的熱烈歡迎下，與妹妹伊麗莎白一同抵達倫敦。1553年10月1日，瑪麗正式加冕成為英格蘭的女王瑪麗一世。

　　瑪麗內心知道珍並沒有爭奪王位的野心，她和他的丈夫僅僅是大臣們的謀權棋子，原本傾向放過她。不過就在加冕隔年初的一場新教徒叛亂中，珍‧葛雷的父親起而堅稱女兒才是合法的英格蘭女王，瑪麗警覺到應剷除一切對自身王位的威脅，因此殺掉珍‧葛雷的父親、丈夫及她本人。

血洗清教徒

　　在瑪麗灰暗的少女時期，被父親拋棄、無法與母親見面，她的心靈支柱只有宗教，天主教給了她莫大的安慰。因此一上位，她腦中所想，就是趕緊將英國恢復成為天主教的國家。她否認英國與羅馬教廷的分裂，同時廢除愛德華六世所立的宗教法，下令殺害從前的大主教湯瑪斯‧克蘭默，改任命列金諾‧保爾為坎特伯里大主教——據說他曾經是瑪麗的追求者，她還嘗試說服國會廢除亨利八世所立的新教法律。在與國會成員的政治交涉中，她做出讓步，將亨利八世沒收的隱修院土地發還。

　　此外，瑪麗一世大肆緝拿、殺害新教徒。在瑪麗執政的5年期間，其中有4年忙著進行宗教迫害，受影響的新教徒超過一千人。約翰‧霍斯在《殉道者之書》中指出，有284人因確定信奉新教且不願悔改而被處以火刑。約有800個較富有的新教徒選擇流亡海外，主要是在今天的美國新英格蘭地區。至今，英國各

地仍可見紀念這些遇害新教徒的紀念碑和墳墓。

在瑪麗瘋狂屠殺新教徒的同時，聰明的伊麗莎白知道，接下來矛頭便指向她了。伊麗莎白突然以迅雷不及掩耳的速度宣布放棄新教信仰，加入天主教，讓瑪麗完全沒有藉口對她動刀。然而，1554年機會來了，湯瑪斯·懷亞特（Thomas Wyatt）以擁立伊麗莎白之名，企圖率領軍隊從肯特郡直攻倫敦。伊麗莎白連宗教傾向都可以轉彎，怎麼可能笨到在這時反叛？顯然這只是主謀懷亞特一心想要扳下瑪麗，讓伊麗莎白上台。但瑪麗和她的幕僚抓住這個機會，將妹妹關進倫敦塔，以造反之名進行審判。兩個月後，因為證據不足，只好將伊麗莎白從倫敦塔放出來，軟禁在牛津北部一個荒涼的莊園中，長達10個月之久。

不被祝福的婚姻

瑪麗加冕後已是37歲，為避免王位落入信仰新教的伊麗莎白手中，盡快找到合適夫婿生下繼承人成為當務之急。所以當查理五世向她建議與他的兒子腓力——即後來的腓力二世結婚時，瑪麗並沒有多作考慮便答應了。1554年7月25日，在首次見面的兩天後便舉行婚禮。這場婚姻並不受英國國民和朝中顧問的歡迎，因為在婚約中，腓力得到英格蘭國王的稱號，所有文件必須同時有腓力及瑪麗二人的簽名，國會亦聽命於兩人聯合的命令，連貨幣上也同時雕有國王與女王的肖象。不過婚約也指明西班牙若有戰役時，英國沒有義務提供任何軍事援助。

不受歡迎的腓力二世，在婚後立即回到西班牙，他幾乎

沒在英格蘭住過。從此以後，夫婦兩人只有在海峽兩邊共同迫害新教徒這一件事上是同心的，他們之間很難說有什麼感情可言。瑪麗先後兩次出現假性懷孕，鬧得沸沸揚揚最後卻是空歡喜一場，女王烏龍懷孕事件讓她成為歐陸人民茶餘飯後的笑話，從此她更加鬱鬱寡歡。

　　1556年，腓力二世繼承西班牙王位，瑪麗也因此成為西班牙王后。1557年3月至7月間，腓力到英國遊說瑪麗在西班牙與法國的戰爭中支持西班牙，這使瑪麗感到為難，若英國支持西班牙，勢必得向法國宣戰，而北邊的蘇格蘭與法國本有邦交，一旦與法國為敵，英格蘭的安全將會受到威脅，同時英國與法國的貿易也會終止。英格蘭從亨利八世起累積了非常多的債務，經濟積弱不振。在這樣的情況下，瑪麗卻仍同意支持西班牙，令英國的新教徒再次響起反西班牙的聲音。1558年1月，英格蘭貿然進攻法國，結果在戰事中失去了歐洲大陸的唯一占領地——海港加來，瑪麗為此懊悔不已。

　　在其統治期中，火燒新教徒的殘忍暴行和戰爭的失利使她逐漸失去民心，而瑪麗終究沒有生下任何子女，1558年底，瑪麗一世孤獨地逝世，享年42歲。根據亨利八世的遺詔，伊麗莎白成為女王，當英國皇家禁衛軍簇擁著25歲的伊麗莎白進入倫敦時，街道掛滿國旗，民眾以熱烈歡呼表示支持新任女王。而這個時候，瑪麗女王的喪禮都還沒辦呢！

第五章　黃金時代來臨──伊麗莎白一世

　　不同於英國歷史上第一個女王被評價為「血腥瑪麗」，繼任的伊麗莎白得到了高度的正面評價，她在位45年、一生未婚，將人生奉獻給英格蘭，開創了大英帝國的盛世。歷史上，伊麗莎白被認為是一個思想開明、心胸寬大的君王，她在迫害新教徒的瑪麗後即位，卻沒有以迫害天主教徒作為回禮，她對於政治上的考慮相當

圖3-9　伊麗莎白一世
（取自維基共享資源）

周延，不輕易大開殺戒。她在婚姻方面的謹慎，使英國不致與他國為敵，更在適當的時機為英國爭取到政治盟友。伊麗莎白一世藉由支持海外探險為王室賺取高額利潤，更在任內取代西班牙海上霸主地位。

　　經過伊麗莎白近半個世紀的統治，英格蘭不但沒有因為宗教問題而分裂，更成為歐洲最強大和最富有的國家之一。她在位期間，是劇作家莎士比亞、桂冠詩人愛德蒙活躍的時代。英國更在此時於北美建立第一個殖民地。她的統治期在英國歷史上被稱為「伊麗莎白時期」，亦稱為「黃金時代」。

危機重重的青少年時期

　　伊麗莎白的童年不比瑪麗幸運，她的出生是國王父親巨大的失望。亨利八世為了和她母親安妮結婚，除去了重重阻礙，

甚至不惜殺死自己的大臣與好友，但最後竟然只得到一個女兒作為報酬。以亨利八世無情、現實的個性而言，實在不符合投資報酬成本，他很快就對安妮失去興趣。伊麗莎白3歲時，安妮被控以巫術、外遇等罪名處死（後世多認為這是誣告）。亨利八世則立即迎娶宮中的另一位女侍官珍‧西摩。

亨利八世死後，他的最後一任妻子凱薩琳帶著少女伊麗莎白改嫁湯瑪斯‧西摩。凱薩琳是一位聰明機智的女人，她在亨利八世生前修補了他和女兒們的關係，使瑪麗和伊麗莎白得以恢復繼承權。但是，她那有著「芽蟲（worm in the bud）」名號的新丈夫卻不怎麼有出息。他受到寄居家中的伊麗莎白所吸引，一直找機會要和伊麗莎白獨處。凱薩琳發現丈夫這層思緒，只好將伊麗莎白遷出自家宅中。

湯瑪斯‧西摩是愛德華六世的舅舅，亨利八世的皇后珍‧西摩的哥哥，但實際擁有的權力卻遠不及他的另一位兄弟愛德華‧西摩。愛德華‧西摩作為國王愛德華六世的攝政大臣，企圖幫弟弟買得男爵爵位以及樞密院中的一個位子，拓展家族勢力。但湯瑪斯的野心不只如此，他計畫挾持愛德華六世，讓國王與珍‧葛雷結婚。當凱薩琳在生產過程中過世，他更毫不遮掩地展露和伊麗莎白結婚的意圖。

計畫很快失敗了，湯瑪斯以高度叛國罪被處死，伊麗莎白受到牽連，與國王的關係惡化，甚至一度被關進倫敦塔。她堅稱對湯瑪斯的計畫毫不知情，才幸運地從訊問中逃過一劫，不過這次事件對她的聲譽造成極大的影響。她一向注重人們對自己的看法，而她懷了湯瑪斯小孩的謠言卻滿天漫飛，即使她發

布了嚴正的聲明仍無法制止，使她的身心皆感到極大的痛苦。

　　瑪麗女王即位不久，新教徒以擁立伊麗莎白的名義起來叛變，讓她又再次被扯進陰謀中。1554年3月，她再度被關進倫敦塔──一個很多貴族進去就再也出不來的地方，伊麗莎白的母親也是死在倫敦塔。瑪麗的顧問西蒙・瑞納（Simon Renard）催促瑪麗盡快審判伊麗莎白，然而最後因為缺乏證據，加上伊麗莎白日漸受到民眾歡迎，瑪麗女王再怎麼暴虐，在種種考慮下也不敢輕舉妄動。伊麗莎白被移往於牛津郡（Oxford shire）的伍斯達克莊園（Woodstock Manor），進行軟禁。

　　直到1558年11月瑪麗死前，伊麗莎白都活得很不自由。她一生謹慎少言的處事態度，應該和年輕時的經驗有關。

童貞女王的婚姻政治

　　伊麗莎白女王從未結過婚，因此也被後人稱為「童貞女王」。在西敏寺的女王加冕儀式上，伊麗莎白將一枚結婚戒指同時戴在了自己的手上，象徵自己從此後就嫁給了英格蘭，她的加冕典禮也就是她的婚禮。在這一天，伊麗莎白不僅是一位女王，還是一個新娘──她將永遠不會再有其他的丈夫。這枚戒指後來也一直伴隨她度過了四十多年。

　　女王之所以不婚的原因眾說紛紜，有人認為是不幸與缺乏父愛的童年令伊麗莎白對婚姻望之卻步，但事實上，出於全盤的政治考量才是她抱持不婚態度的主要因素。她將自己的婚姻當作一種幫助國家獲得最大利益的手段，並認為若是過早指定繼承人，會削弱自己的地位。在伊麗莎白登基後的二十多年

內，一直都吸引著眾多來自歐洲各個王室的追求者，這也成為她在外交上最大的籌碼。她藉此逐步分化瓦解英格蘭在歐洲的敵人，從中獲得實實在在的豐厚政治利益，從而保障了英格蘭和自己的穩固統治。

伊麗莎白登基後，第一個向她求婚的就是她已故姐姐的丈夫——西班牙國王腓力二世（Philip II）。以伊麗莎白對姐姐瑪麗的敵對態度，可想而知她對這樁婚事並不會有所期待。然而，當時英國和法國正在和談，和談的關鍵就是蘇格蘭（Scotland）和加來港（Calais port）的問題。伊麗莎白希望利用西班牙作為談判的籌碼，所以對腓力二世的求婚遲遲不做答覆。待談判有了眉目後，伊麗莎白立即就拒絕了腓力二世的求婚，這也為後來兩國交惡埋下了伏筆。

除此之外，另一場漂亮的婚姻外交戲碼也上演在求婚者阿朗松公爵身上。阿朗松公爵是法國國王查理九世的弟弟，1577年攻打低地國尼德蘭（Netherlands，即荷蘭）的同時，他派人向伊麗莎白求婚。女王答應了他的請求，卻拒絕馬上舉行婚禮。原來伊麗莎白心裡打著如意算盤，企圖以婚事拖延法國對尼德蘭的進攻，並使其與尼德蘭聯合起來，反制西班牙對當地新教徒的鎮壓，這樣英國就不用自己出兵援助新教徒盟友。最後的結果自然是女王成功地解決了尼德蘭的問題，而之後阿朗松公爵不幸患病死亡，伊麗莎白也就不需要再兌現自己的諾言。伊麗莎白就是這樣，讓自己的婚姻承諾和英格蘭的外交緊密地嵌合在一起，締造出穩固的政治地位。

面向海洋

　　1558年，年僅25歲的伊麗莎白加冕為英格蘭女王，此時英國內戰不斷、宗教信仰分裂，加上國庫空虛、貨幣貶值、貿易受挫，國內的政經情勢並不穩定。但在伊麗莎白的主政之下，44年之後的英國成為一個教會基礎穩固的新教國家：國王受到尊敬、貨幣強而有力、海軍在外節節獲勝、國內的安全受到保障、貿易擴張、積極建立海外殖民地、詩人及劇作家活躍，呈現出一股蓬勃的生機。

　　早在當政之前，伊麗莎白就經常聽到從歐洲大陸傳來，西班牙和葡萄牙航海家探險成功並發財致富的消息。在這樣的一個商業時代，贏得海洋遠比贏得陸地來得重要許多。由於英國是一個島國，因此必須仰賴海外貿易來厚植他們的經濟實力，所以英國人更能深切體認到贏得海權對他們的重大意義。

　　英格蘭的任何一寸土地距離海洋都不超過一百二十公里。在如此重視海洋的年代裡，英國所擁有的地理優勢逐漸顯露。伊麗莎白更敏銳地察覺到了這一點，所以她很快就成為英國海外貿易最大的支持者。為了儘快從海上獲得利益，伊麗莎白甚至鼓勵私掠船、海盜，縱容海外掠奪和奴隸販賣活動，開拓殖民地如維吉尼亞（Virginia），甚至襲擊西班牙的貿易船隊。

　　十六世紀以前，由於在地理大發現上領先展開的優勢，海上貿易大部分已被西班牙占有。英格蘭在此時加入海外貿易，顯然侵犯了當時世界最大殖民帝國西班牙的利益。在一次次的掠奪和衝突中，雙方對制海權的爭奪逐漸激烈，衝突點日漸升高，終於釀成了1588年的海上大戰。

兩位美麗的女王與一場若有似無謀叛

伊麗莎白即使未婚，仍要面臨王室最大的問題——王位繼承。許多野心家都對她的王位虎視眈眈。在這些人的策劃下，伊麗莎白統治後期國內曾出現幾次重大的叛亂。其中最著名的，就是蘇格蘭女王瑪麗·斯圖亞特（Mary Stuart）案。瑪麗·斯圖亞特是伊麗莎白的表親，她認為伊麗莎白沒有子女，自己有權繼承英國王位。然而瑪麗為人放蕩穢亂，最終引起了蘇格蘭國內普遍的不滿和叛亂，瑪麗也被迫逃出蘇格蘭。

伊麗莎白對於瑪麗的遭遇十分同情，一直以來對她頗為友善。對於瑪麗屢次要求伊麗莎白將王位傳給她，伊麗莎白也是不置可否。因此，瑪麗認為英格蘭也許是個安全的地方，1568年，當她被自己的貴族罷黜後，便投奔伊麗莎白。伊麗莎白可不是個蠢人，面對這個擁有繼承資格卻不大高明的女王，她腦筋快速一轉：「讓這樣的人繼承英王，英國還有未來嗎？除掉比較好！」其實更根本的問題是：蘇格蘭女王瑪麗一世是個虔誠的天主教徒！所以當瑪麗一抵達英格蘭，就被伊麗莎白監禁了，理由是她涉嫌謀殺她的第二任丈夫達恩利勛爵，有待法庭審理。於是，蘇格蘭女王瑪麗一世就這樣被關了18年！

軟禁期間，兩個女王都沒閒著。瑪麗是天主教徒，她被囚於英格蘭一事，受到教皇與天主教大國西班牙的同情。在偶然的機緣下（或是在一場陰謀下），瑪麗開始與西班牙國王腓力二世書信往來。腓力二世一邊鼓動瑪麗叛變，一邊也為打仗做好準備，他提出暗殺伊麗莎白、扶植瑪麗成為英王的周全計畫，讓瑪麗頗為心動。在兩人信件如火如荼展開之際，伊麗

莎白則更高明，她早已安排間諜取得瑪麗所有對外通訊內容，將一切看在眼裡，卻又不說破，因為一旦瑪麗謀叛的證據齊全後，便能將之置於死地。最後，瑪麗同意策動謀殺英國女王的信件被破獲，不由她分說，已經是死路一條。但伊麗莎白還是稍微徵詢一下瑪麗的兒子——蘇格蘭國王詹姆士六世的意見。沒想到詹姆士大義滅親，表示同意，於是瑪麗在1587年被送上斷頭台，這一場紙上作業的叛亂就此「平息」。

伊麗莎白在位期間，一直都抱持較寬容的施政態度。在後來的幾次叛亂中，她也盡量避免開殺戒，這樣的仁德贏得了國民對她的擁戴和敬仰，為英國帶來了一個相對寬容的發展和穩定時期。

1588英西海戰——海上霸主換人當！

伊麗莎白處決天主教徒瑪麗女王後，等於是公開向天主教世界宣戰。早在女王登基時，便正式宣布新教為國教，因此羅馬教皇庇護五世在1570年宣布將伊麗莎白逐出教會，並廢除她的英國王位。當伊麗莎白將蘇格蘭女王趕盡殺絕，新教皇格列哥里八世甚至宣布暗殺她不算犯罪。而天主教老大國西班牙第一個跳出來主持公道，要對英格蘭出兵。西班牙國王腓力二世自從向伊麗莎白求婚被擺一道後，海上船隻又常遭英國海盜攻擊，因此宣戰的政治意味實則更強過宗教意味。蘇格蘭瑪麗一世的死正好讓他師出有名。

1588年7月7日，大西洋的海流與之前的任何一個夏季一樣，波濤洶湧。而就在這一天，一支擁有一百三十艘戰船、

八千名水手、兩萬名士兵及三千台大炮的艦隊從西班牙的港口出發，橫渡英吉利海峽，直朝大西洋上的島國英國而來。這支浩浩蕩蕩的隊伍擁有一個響亮的名號——西班牙無敵艦隊，強大的西班牙帝國就是在它的護衛下，稱霸海洋長達半個多世紀。而西班牙無敵艦隊此次遠征的目的非常明確——控制英吉利海峽，教訓英國。

面對強大的勁敵，伊麗莎白的艦隊司令霍華德和他的戰友——著名的海盜德雷克（Drake），指揮九十艘商船改裝的戰艦和海盜船，準備迎擊入侵英格蘭的西班牙艦隊。起初西班牙想靠著船堅炮利的人海優勢一舉殲滅英國艦隊，但或許是上帝保佑英格蘭吧！倒楣的西班牙無敵艦隊一直沒有等到有利的風向；而英國由商船和海盜組成的艦隊規模雖小，卻擁有更先進的火炮，再加上風向等氣候因素的天時地利，英國艦隊利用靈活機動的特性，反而在戰爭中占盡了優勢。經過幾天的激戰後，正規的西班牙無敵艦隊不再號稱無敵，因為他們確已遭逢敵手，被英國人打得落花流水撤退了！

由於並未將對手全數殲滅，英國的艦長們對這次勝利多少帶著些失望。然而，這次勝利的意義遠遠超出他們的想像——它大大地振奮了全英國的士氣，並開展了十七世紀英國海上力量的崛起，屬於英國人的海洋時代即將到來。從此以後，西班牙的海上霸權逐漸開始向英國轉移。

英國在英西海戰中的勝利，是一次以弱勝強、以少勝多的戰役，它再一次顯示了在王權統治下的民族國家力量。這個長期處在歐洲主流文明之外的島國，第一次以一個大國的姿態向

歐洲大陸發出怒吼，並宣告英國將進入世界海洋霸權和商業霸權的爭奪中心，在大國崛起的道路上邁出了堅實的第一步。

對文學藝術的扶持

伊麗莎白時期是英國文學發展的一個重要時期，尤其在詩歌和話劇方面，可說是進入了一個黃金時代。受到父親及老師的影響，她推崇人文學術，重用高知識分子。她本人也從事寫作和翻譯，曾親自翻譯了霍勒斯的《詩歌藝術》，一些她生前的演說和翻譯作品一直流傳至今。

偉大的劇作家莎士比亞（William Shakespeare，1564～1616）就生活在伊麗莎白統治的時期。在伊麗莎白即位以前，英格蘭對於書籍和戲劇有嚴格的審查制度，還有如同中國文字獄的「星法院」，若言論觸犯禁忌者會慘遭絞死、分屍等酷刑。但在伊麗莎白時期，這類的酷刑完全廢除，連1538年頒布的《書籍審查法》、1549年頒布的《戲劇審查法》都沒有被嚴格執行，學術研究氛圍比過去任何時代更為熱烈，「伊麗莎白女王時代」也成為文學史和藝術史上的一個專有名詞。

伊麗莎白本人對文學和藝術呈現出無比包容的胸襟，例如當莎士比亞的《理查二世》搬上舞台時，儘管劇中以她的祖父亨利七世為王位篡奪者，女王不過向臣子抱怨一句：「這部悲劇在劇場和劇院裡已經演出40次了！」並未加以禁演。西元1601年，埃塞克斯伯爵企圖發動叛變，叛亂者故意指定宮廷劇團在起事前夕重新上演《理查二世》，以劇中廢黜國王的場面作為發動叛亂的信號。等到叛亂被平定以後，伊麗莎白也不

曾對《理查二世》的作者、演員或劇團施以任何懲罰。伊麗莎白女王一世實現了最早的現代政治文明，她以智慧取代意氣用事，而且比她的父親、姐姐高明太多。在那個封建君王的時代，伊麗莎白的智慧與寬容，實為現代政治文明作出了最初的榜樣。

表3-4　十六世紀三位女王的比較

	（英）瑪麗一世	伊麗莎白一世	（蘇）瑪麗一世
生卒年	1516.2.18～ 1558.11.17	1533.9.7～ 1603.3.24	1542.12.8～ 1587.2.8
稱號	血腥瑪麗	童貞女王、榮光女王、英明女王	無
在位年	1553～1558	1558～1603	1542～1567
丈夫	西班牙國王腓力二世	無	法王弗朗索瓦二世、達恩利勛爵亨利・斯圖亞特、伯斯維爾伯爵四世詹姆士・赫伯恩
戀人	無	萊斯特伯爵羅伯特・達德利、埃塞克斯伯爵羅伯特・德弗羅	大衛・里齊奧（私人祕書）
宗教	羅馬天主教	英國國教（新教）	羅馬天主教

第四篇
航海時代下的世界地圖

第一章 「地理大發現」的真相

　　歐洲的資源一向自給自足，但香料與奢侈品卻只能從東方進口。十五世紀後，原本因黑死病驟減的人口逐漸回升，相對地對這些物品的需求量也大增。東西方的往來貿易一向仰賴陸路的阿拉伯商人，但一來阿拉伯商人的層層剝削使得商品價格昂貴，二來由陸路前往亞洲路途遙遠，有時還會因為戰爭而導致貿易中斷，於是歐洲便興起直接與東方貿易的念頭。

　　十五世紀大航海時代揭開序幕之時，英格蘭正處於都鐸王朝時期。當時的歐洲人已經從《馬可波羅遊記》中，獲得對東方的驚異見聞，加上地理與航海知識著作的出現、羅盤的應用與帆船技術的發達，讓航海家對大海的畏懼稍減，也逐漸相信地球是圓的、一直向前航行可以回到原點。1521年，麥哲倫的船隊成功環遊世界一周，但麥哲倫本身在途中過世。而在英國女王伊麗莎白一世（1558～1603）的時代，海盜航海家庫克成為第一位率領船隊環航地球的人。在大航海的時代，最令歐洲人興奮不已的即是所謂「地理大發現」，如葡萄牙人「發現」好望角，哥倫布「發現」新大陸等。但這些歐洲人一廂情願的「發現」，對美洲原住民來說卻是可怕的災害，如站在南美洲阿茲提克帝國的立場，這些「海盜」不僅掠奪土地，還讓他們幾乎滅族。總之，歐洲人的「地理大發現」一詞，代之以「海外探險」、「海洋疆界擴張」其實更為合適，因為伴隨航海時代而起的，是帝國主義的興起與殖民式的掠奪。

搶得先機的葡萄牙

　　葡萄牙位於伊比利半島西側，與大西洋相鄰，北部多為高山，加上東邊與西班牙以高山相隔，無法往陸地發展，形成面海的封閉環境，造就了葡萄牙的獨立發展背景。此外，葡萄牙的土地貧瘠，不利農業，而其長達八百多公里的海岸線，正好適合發展海洋事業。擁有許多優良的海港如里斯本、波多等。在種種因素加乘下，造就葡萄牙成為翻開大航海時代篇章第一頁的國家。

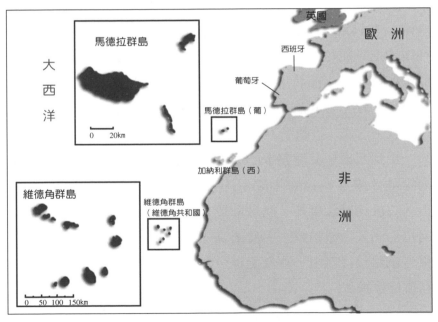

圖 4-1　馬德拉與維德角群島

　　亨利親王（1394～1460）便是開啟地理大發現的第一人，他是葡王約翰一世的第三個兒子，從小就嚮往法王路易九世帶

領十字軍東征非洲的冒險事蹟，他相信非洲以南有通往印度的海峽，而那裡有個富庶的國家，他希望與其聯合建立跨足歐非二洲的「葡萄牙王國」。從1419年開始的三次非洲遠航之行，雖然沒有達到原本的目的，卻也讓他們到達西非的海岸，並發現馬德拉（Madeira Islands）與維德角群島（Cape Verde Islands），此外也獲得黃金、象牙與黑奴，大大增加了葡萄牙的財富，收穫頗盛。同時也帶動葡萄牙人向外發展的風氣，為之後的航海家定下基礎。

此後葡萄牙人仍繼續沿著非洲西部向南航行，為了探險南端，在1486年派遣了狄亞士從里斯本港口出發，經由剛果往南前進，航行中遭遇暴風雨因而駛進摩賽灣，突發狀況讓狄亞士錯過非洲南部而不自覺，等到驚覺海岸方向已經變成東北走向，才趕緊往回航行，到達後將非洲最南端取為「暴風角」（日後由若昂二世改名為「好望角」）。

受到西班牙航海競爭的影響，葡萄牙更加致力於印度的航海探險，國王於1497年派遣達伽馬經過好望角後繼續向東航行，終於跨越印度洋，開啟葡萄牙征服印度貿易的大門。起初阿拉伯商人百般阻撓，引發衝突，但最後葡萄牙獲勝，從此在東方航路暢行無阻，貿易過程少了中間的層層剝削，也使得香料價格暴跌。

西班牙後來居上

西班牙東臨地中海，西北面大西洋，海岸線綿長，擁有許多優良海港，利於航海發展。西班牙所資助的航海家路線

中，最著名的便是哥倫布發現美洲的航行。哥倫布一直堅信地球是圓的，他認為沿著大西洋向西航行可達中國、印度等東方國家，便向葡王若昂二世提出航行計畫。可惜葡王對其所稱的航行距離感到懷疑，不願贊助，哥倫布前後又向威尼斯、英國等國家尋求幫助未果，最後轉向西班牙，終於獲得伊莎貝拉女王資助，得以在1492年率領三艘船艦啟航。經過七十多天的航行，最後在巴哈馬群島登陸，低估了亞洲與非洲距離的哥倫布，至死都以為他到達了亞洲。事後才由一位義大利人亞美利哥，指出哥倫布登陸的其實是當時仍未被發現的美洲。哥倫布之後的三次航行，都未曾如願找到通往亞洲的航道，但此舉仍為西班牙獲得廣大美洲殖民地，也帶來了巨大的財富。

之後的麥哲倫在1520年渡過了大西洋的西南出口（後稱麥哲倫海峽），到了一平靜海面，便將這一片海稱為太平洋，之後持續西航，為西班牙取得菲律賓這塊殖民地，雖然麥哲倫在菲律賓與土著交戰被殺，他的船艦最終仍完成了繞行地球一圈之壯舉。

英國急起直追

十五世紀末英國在亨利七世整頓下，政局穩定，農業、手工業與商業皆蓬勃發展。英國有綿長的海岸線，亦為其發展遠航的先天優勢。看著西班牙與葡萄牙展開遠航，英國也開始進行籌備，但由於東西航道被葡萄牙與西班牙占據，英國僅能將希望放在北方的航道上。1496年，亨利七世派出義大利人約翰卡伯特（John Cabot）與其子，讓他前往探索當時所有仍未

知的領域，但在赦令上未提及南方航路，避免與葡西衝突，終於在航行一個月後，他們登上「從未見過的陸地」北端，之後沿著陸地探索，並在阿瓦朗半島（Avalon Peninsula）發現了大量魚群，回國後宣布此為英國的新漁場，並由亨利七世將此地命名為紐芬蘭（Newfoundland）。這次的收穫讓英國受到極大鼓舞，不久後約翰卡伯特父子便展開第二次出航，在這次旅程中，約翰卡伯特去世，其子薩巴斯汀（Sebastiano Cabot）接續父親志業，航行到上次的紐芬蘭島後繼續西航，到了北美洲即返。第二次航海耗費鉅資，卻沒有特別的收穫，因此英國航海沉寂了一段時間。

到了1553年，是愛德華六世與瑪麗一世政權交替的時代，王室陷於宗教與政權的鬥爭當中，無力支持海上發展。然而，有一群商人組成商人企業家協會，以貴族出身的休‧威樂比（Hugh Willoughby）和航海家理查德‧錢瑟勒（Richard Chancellor）各自為首的船隊駛出泰晤士河口，企圖探索東北航線。他們在航行中發現了北極海內的新地島（Novaya Zemlya）和一些其他小島，並且清楚得知挪威北部的大陸海岸線，由此開啟了英國與俄國之間的新航路，讓兩國之間有密切的海路聯絡。然而，威樂比的運氣沒有錢瑟勒好，在探索寒帶極地中，包含威樂比在內，大部分的船員被活活凍死，顯示了酷寒的環境下航海的嚴峻與困難。英國因認清了從東北開啟前往中國的貿易航路，需付出的代價太高，故十七世紀以後，航海野心轉向西北發展。1557年，英國國力逐漸強盛，在伊麗莎白女王的默許下，開始朝西南航線發展，縱容英國海盜搶奪西班牙船

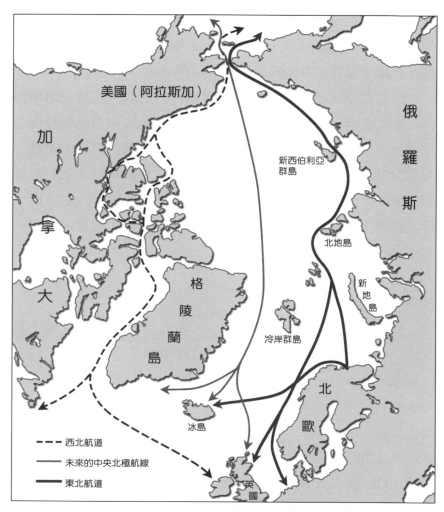

圖 4-2 二十一世紀的北冰洋（北極海）航道

隊。西班牙的貨物多來自對美洲大地的劫掠，英國海盜撿現成的便宜，更因搶奪的本是「不義之財」，而絲毫不感到歉疚。

　　但英國對於東北航線久久不能忘懷，到了1580年，由於獲

得更多俄國沿岸的資訊，英國重新開始東北航線的嘗試，不料俄國早就開始遠洋探索，英國所到之處多已被俄國捷足先登，至此英國才確立了東北航線不可行的想法。

一直以來，英國致力於西北與東北的航線，是為了避免與西、葡的衝突，但在十六世紀中葉之後，英國國力強勢發展，經濟與軍事都有大幅成長，於是縱容海盜襲擊西班牙的船艦，奪取財物，英西的關係急遽惡化，終於在1588年在英吉利海峽爆發衝突。西班牙的無敵艦隊被英國艦隊打敗後，代表了西、葡兩國海上霸權的喪失，至此英、荷成為地理大發現航海探險的主角。

新一代海上霸權荷蘭

荷蘭在1595年首次展開航行，雖然首次出航的收穫不算太多，卻已經讓商人們對遠洋貿易躍躍欲試。威廉‧巴倫支（William Barents）為了探索由北方前往中國、印度的航線，曾三次航行北部冰洋地區，其後更在1596年的航行中發現了斯瓦爾巴群島（Svalbard），後人為了紀念他，便將斯瓦爾巴群島與新地島之間的海命名為巴倫支海。1600年荷人奧力維爾‧范諾爾特（Olivier Van Noort）帶領的艦隊，沿著西班牙已經發現的航線到達菲律賓，擊敗正要返回西班牙的「聖地牙哥號」，自此荷蘭加入世界殖民與貿易的戰場。

十七世紀荷蘭與英國成為新一代的海上霸權代表，在積極與英國競爭的同時，荷蘭的航海家相繼發現了合恩角、東加群島和斐濟群島，以及澳洲的塔斯馬尼亞島和紐西蘭等地，對世

界地理方面有許多貢獻。而自從成立東印度公司後，荷蘭積極開發東亞貿易據點，中國原先是荷蘭急欲發展的目標，但明朝屢次拒絕通商要求，後中國實施海禁，荷蘭便將目標轉往台灣，將大員（今台南）作為根據地，展開占領統治的行為，打狗港便是當時荷蘭人在沿海建立的港口之一。

剝開熱血航海冒險的外皮

　　日本少年漫畫「One Piece」（中譯「海賊王」、「航海王」）席捲全球，在世界各地大受歡迎。漫畫內航向海洋的熱血夢想、振奮人心的友情畫面，或可作為我們認識四百年前的大航海時代，那種海外探險的熱烈氣氛。然而，在帶來國家富足、滿足個人夢想的背後，映入眼簾的卻是殖民地人民的辛酸血淚史。

　　殖民霸權的先鋒葡萄牙，首先在非洲西部建立眾多殖民地，他們在當地掠奪黃金與象牙等資源，並從事奴隸販賣的交易。占領印度後，亦對當地人民進行強力鎮壓與強制貿易。此外，更侵占了南美國土，成為一時的海上霸主，到1580年被西班牙併吞後才轉為弱勢。

　　西班牙與葡萄牙是同時期的掠奪者，其在中南美洲的掠奪大致可分為兩類，一是強迫印地安人為其勞力，開採金銀礦產；另一則強占大量土地，改種植經濟作物與發展畜牧。西班牙因而在這些殖民國家獲得驚人的金銀礦產，但印地安人卻不堪勞力與新型傳染病而死。西班牙腦筋一轉，便從非洲運送黑奴到美州繼續為其效力。

　　荷蘭雖起步較晚，但其發達的造船與航海技術，讓荷蘭的殖民與掠奪能力很快就超越西、葡兩國。十六世紀末，先在爪哇島大量掠奪，再從印尼運回大批香料。十七世紀初，英國和荷蘭分別組成東印度公司，在各地設立貿易據點，以暴力、詐欺等手段獲得利潤，並奪取西、葡兩國的殖民地。荷蘭的荷屬東印度公司，負責掌管西方殖民地的收益，除了對美洲東岸、非洲西岸及太平洋島嶼的貿易壟斷，也積極進行海上掠奪。而英國是繼荷蘭之後最持久的海上殖民帝國，英國的東印度公司殖民勢力進到北美、西印度、非洲與美洲。十七世紀英國軍力強盛後，更陸續從葡萄牙、西班牙手中搶奪殖民地。在1652到1674年間與荷蘭發生三次大戰，奪取北美與印度殖民地。而英國與法國之間的競爭與衝突一直延續到十七世紀末，為了爭奪殖民地甚至爆發七年戰爭，最後由英國勝利奪取了加拿大、印度、非洲等地。而後英國成為世界最大的殖民帝國，所殖民的土地超過本身國土的46倍以上。在這些殖民地裡，發生數不清的掠奪與危害人權之事。

表 4-1　大航海時代的探險家

人物	國別	事蹟
鄭和 （1371～1433）	中　國	七次「下西洋」，最遠抵達非洲東岸
亨利親王 （1394～1460）	葡萄牙	沿西非海岸探險，開啟近代歐人海外探險活動

狄亞士 （1450～1500）	葡萄牙	首度航行至非洲南端的歐人，將該地命名為「暴風角」；後改名為「好望角」
哥倫布 （1451～1506）	義大利	四次橫渡大西洋，首度到達美洲新大陸的西歐人
亞美利哥 （1454～1512）	義大利	考察南美洲東海岸，提出美洲是一塊新大陸的論述；美洲即是以他的名字命名
達伽馬 （1469～1524）	葡萄牙	第一位從歐洲航海到印度的人
麥哲倫 （1480～1521）	葡萄牙	1519～1521年率領船隊首次環航地球。麥哲倫本身死於途中，在副船長帶領下，最後由維多利亞號完成環球航行

第二章　海盜的天堂──東亞

初登國際舞台── 台灣

　　十五世紀末的台灣大部分土地還未開發，屬於原住民的天堂，島上的歷史無文字紀錄，但有原住民以神話相傳。然而，下一個世紀在海外探險風潮的興起下，台灣開始與西方文明產生碰撞。最先注意到台灣島的西方人來自葡萄牙，1544年，當船行太平洋上，葡萄牙人看見被鬱鬱蔥蔥樹林所覆蓋的美麗島嶼，驚豔地給予「Formosa」的讚頌，亦即葡萄牙語中「美麗之島」之意。在1554年葡萄牙人繪製的世界地圖中，台灣首次出現，被標註以福爾摩沙的稱號。自此在西方航海史上，台灣便以福爾摩沙之名為人所知。

　　由於台灣位處中國、日本與東南亞國家之間的樞紐，故成為各地通商往來之中繼點。在葡萄牙人偶經台灣之後，此地陸續與外界接觸，但僅限於在沿岸地帶活動，而這群訪客的身分，除了少量漁民，大多是被中國明朝通緝的「倭寇」。當時明朝實施海禁，禁止商人從事海上貿易，非貿易而無法維生的商人們只能出海走私，因而成為明朝人口中的「倭寇」，而台灣則成為倭寇群集、休憩的重要據點。「倭寇」之名來自日本，漢朝起，日本別稱「倭國」，因此，明朝將日本人組成的海盜團體稱為倭寇。隨著時間的演進，倭寇一詞沿用至東南亞、朝鮮甚至中國的海盜，大多數的倭寇成員其實是中國人，但仍以「倭」相稱。本書稱其為「海盜」，較符合其身分與行

事作風。當時活躍於中國東南沿海與台灣之間的海盜集團有林道乾、林鳳、顏思齊與鄭芝龍等。

初期的過客

　　著名的海盜林道乾是中國廣東人，在明朝時活躍於海上，其足跡遍布台灣西岸各港口。1563年，明朝將領俞大猷追擊林道乾直至澎湖，林從打狗港（今日高雄港）遁入台灣。根據連橫所著《台灣通史》中的描述，林道乾到了台灣後，洗劫當時的原住民，將他們作為奴隸看待，原住民感到相當不滿，便私下意謀殺害林道乾，不料消息走漏，林憤而夜襲原住民，並將他們的血混在土中拿來造船。

　　1573年後崛起的海盜林鳳打倒林道乾的組織，併吞他的手下和船隻，擴大自己的實力。林鳳早年馳騁於海上，曾經向廣東當局求撫，被兩廣總督拒絕，只好在閩廣之間徘徊，後從澎湖到台灣魍港（今布袋港）途中，遭福建總兵胡守仁擊敗，之後又被福建水師攻擊，損失部分的船隻，於是林鳳轉往南方，朝當時為西班牙所有的呂宋島前進。起初還算順利，順利打到馬尼拉附近，但後來攻城失敗，傷亡慘重，西班牙人追擊攻之，林鳳只得離開菲律賓，之後行蹤未明。

致力開發台灣的海盜

　　不同於林道乾與林鳳，後來的顏思齊與鄭芝龍不只是經過台灣，更在台灣駐足開墾。顏思齊在1621年逃亡到台灣的魍港，便率領部下開墾當地，之後鄭芝龍帶來漳泉一帶的難民加

入顏思齊，他們便以諸羅山（今嘉義）作為中心開發。顏思齊病逝後，鄭芝龍接管他的勢力，1628年由於鄭芝龍勢力龐大，明朝招撫未成，於是委任他擔任海防游擊，鄭芝龍一面替明朝掃除東南沿海的海盜，一方面又與荷蘭人訂立通商條約，幾乎壟斷了東南沿海的海上貿易，可以說是洋人東進時期開發台灣的重要人物。

早期的台灣由於「黑水溝」──台灣海峽的海勢洶湧，加上造船與航海技術不發達，漢人多到澎湖、南洋或日本長崎等地，到了明朝也僅有少數漁民到台灣，唯有不畏懼海洋、以海維生的海盜們在台灣活動，間接也促進了台灣的開發與海上貿易，其中海盜鄭芝龍之子鄭成功擊敗占領台灣的荷蘭，開啟了鄭氏王朝。

與海上霸權漸行漸遠的明代中國

自大明開國以來，明太祖朱元璋立下海禁政策後，往後三百年間，幾經禁弛。當世界準備在海洋上大展身手時，明代卻除了初期的鄭和下西洋，往後未能再站海上霸權的舞台。

明代歷代對於航海政策的作為，從明武宗曾經接見葡萄牙使節，開啟雙方貿易大門；但世宗時期再次宣布海禁，加上明朝東南海防空虛，因而不斷有海盜（倭寇）在中國沿岸進行走私貿易，甚而進犯沿海地區，戚繼光與俞大猷等大將致力擊退倭寇，1561年在倭寇進犯台州時戚繼光與其九戰皆獲得勝利，稱為台州大捷。

到了穆宗朝時開放海上貿易，史稱「隆慶開關」，創造了

明朝海上貿易的新局面。神宗時期，在中西交流方面也有所收穫，1582年傳教士利瑪竇來華，先是在澳門學習漢語，藉以拉近與華人距離，雖為傳教而來，但除了宗教，還帶入西方新奇事物，其所製作並印行的《坤輿萬國全圖》更讓中國人首次接觸到近代世界地理新知識。

從以上來看，明代中後期與海洋間的互動，總總皆是以被動方式接納來自外界的刺激，也因此失去了引領世界的時機。

大航海時代日本的對外關係

早在哥倫布發現美洲之前，中國明朝的鄭和早就開始了東方的地理大發現，航海路程遍及南太平洋與印度洋，航海技術獨霸全球。所以當哥倫布發現美洲的時候，中國仍然是東方主要的強大勢力。而日本自然是被「中國勢力」影響。地理大發現時期的十五世紀，日本正處於室町幕府時期。

室町幕府的重要財政來源，就是與中國明朝的海上貿易。但明朝自朱元璋開始就推行海禁的國策，雖然明成祖開啟了鄭和的大航海時代，但那只是短暫的；鄭和之後，明朝再也沒有大規模的航海行動，重新恢復海禁政策，這使得日本與明朝的貿易變得愈來愈艱難。貿易不順利的情況下，日本出現了一堆武裝商人，成為海盜侵擾中國沿海進行走私，被明朝稱為「倭寇」，但這其中有很大比例的沿海華人混雜其中。明朝曾派使者與室町幕府溝通禁止海盜行為，室町幕府也馬上在九州附近禁止倭寇，並與明朝建立邦交。明成祖與室町幕府建立了雙方合作的貿易關係，使室町幕府獲得大量的經濟利益。但到了

十六世紀中，雙方的貿易關係又斷了，日本的倭寇再起，直到
豐臣秀吉才被禁止。

雖然歐洲國家力量在大航海時代並沒有與日本接觸，但歐
洲民間勢力還是進入了日本。其中主要的力量就是天主教士。
1540年左右，歐洲的商人、天主教士陸續與日本接觸，並帶來
了西方最先進的科技，例如大炮。西方的火炮可以說為打得如
火如荼的戰國時代添加柴火，但也加速了戰國的結束，促成日
本的統一。例如織田信長率先使用火槍隊，馬上拉大與其他武
將的實力差距。而德川家康的大炮轟破了豐臣家堅固的大坂城
牆，取得了最後的勝利。

除了火炮，最重要是引進宗教。歐洲宗教改革後，天主教
勢力衰退，為了重振力量，天主教率先對海外進行傳教（當時
歐洲的新教徒還陷入宗教戰爭，哪裡想到對外宣教。）天主教
快速振作的精神，令人佩服，但他們的海外宣教很快的遇到瓶
頸，尤其在日本。

其中多是葡萄牙與西班牙的教士，在他們的努力之下，到
1600年，日本的天主教信徒已達到30萬人！這很快引起日本執
政當局的害怕，擔心會造成民變。日本的執政當局開始強力取
締、鎮壓天主教，於是爆發非常多殘酷的「教案」。歐洲的教
士與日本的信徒被逮捕、虐待和處死，天主教的勢力從此被壓
制下來。當然，對豐臣秀吉來說，他有很好的理由禁止基督
教，因為葡萄牙人販賣日本的奴隸，不過這些人是否是天主教
教士值得商榷。基於以上的原因，日本政府開始加強對外貿易
的限制，鎖國政策就應運而生。

鎖上大門的江戶幕府時期

　　德川家康是日本戰國時代的江戶幕府將軍，他終結了日本的戰國時代，統一全日本，其建立的江戶幕府統治日本達264年，史稱「江戶時代」。德川是一個小國諸侯的世子，其父為了尋求其他諸侯的援助，將他送給今川義元作為人質，但在途中被織田家所奪。其後織田與今川講和，德川家康返回故鄉，不到十日又被今川家奪走作為人質，長期囚禁的生活讓他吃盡苦頭，養成他日後懂得察言觀色的能力與堅忍不拔的意志。本能寺之變後，豐臣秀吉成為公認的霸主，德川家康與豐臣秀吉在長久手一戰後，豐臣秀吉以有利的條件與他講和，家康投入秀吉門下。但之後豐臣秀吉出兵朝鮮時，卻沒有將他的軍隊編列入隊。在這場損失慘重的戰役中，家康乘機累積財力並壯大自己的實力，在豐臣秀吉死後順利奪得政權，建立幕府體制、統治全國。他在對外貿易方面採取開放態度並重視文教，德川幕府開創長達兩百多年的和平朝代，史稱江戶時代。

　　但德川家康之後的德川幕府，鎖國政策愈來愈嚴厲。日本的鎖國政策很大一部分原因就是基督教的廣傳，使得德川政府加強對人民的控制。其中德川家光居然命令百姓到寺廟去登記宗教信仰，而且限制村民的行動，除非申請許可，不得任意遷徙，這樣的目的就是為了嚴禁基督教。由於社會被嚴格管控，造成日本的階層被固定下來，幾乎變世襲的。雖然規定很多，人民之間的移動往來還是有彈性，只是需要通過申請。

　　不過在日本的外國人士就受到嚴密監控，德川政府對那些

來宣教、經商的外國人士拒於門外，西班牙人、葡萄牙人不肯放棄經商與宣教的目的，最終被判出局。德川家光嚴令禁止日本人與外國人接觸，更禁止日人向外航海，也同樣禁止基督教。但在長崎附近還是有很多的基督教信徒，而隨著經濟不景氣，當地的人民便興兵作亂，這讓德川當局認為是西方基督傳教人士在策動，所以在1637、1638年，德川家光對長崎的基督教展開殘酷鎮壓，死者據說達3萬之眾。德川幕府強力驅逐葡萄牙人之外，更禁止所有外國人進入日本內地。

強力的鎖國政策，演變到最後只開放長崎進行對外貿易，而且有國家限制。1623年，英國人已經不與日本來往；1624年，西班牙人也被趕走；最後只剩下中國與荷蘭能在長崎貿易。荷蘭之所以能留下，是因為他們只在意經商，無意宣傳任何教義。但即使如此，荷蘭人也只能在長崎外海的小島上貿易，不得踏上日本本土。

如此嚴格的鎖國政策一直持續到十九世紀中葉，美國的培里艦隊強行叩關，也就是所謂的「黑船事件」，才終結了日本的鎖國政策。

第三章　戰爭大本營——法國

　　中世紀由查理曼建立的法蘭克王國，在查理曼死後的西元843年，因他的三個兒子締結了《凡爾登條約》，此後帝國正式分裂，其中的西法蘭克王國，成為日後的法蘭西王國（法國前身）。

　　英法百年戰爭後，法國成功地收回英王在法國的領地，維持了國土的完整性，王權也在戰爭中得到加強，為法國建立統一的民族國家奠定了基礎。然而，剛從百年戰爭脫身，不到半世紀，法國又捲入超過半世紀的義大利戰爭（1494～1559），以及長達30年（1562～1593）的宗教內戰。義大利戰爭起源於法王查理八世宣稱擁有那不勒斯的繼承權，並準備前往占領，因而挑起戰端。當時米蘭、威尼斯、佛羅倫斯、西班牙、教皇與神聖羅馬帝國等國家維持著均勢，面對欲打亂平衡的法國，他們聯合起來反抗，引發往後一連串軍事衝突，期間各國不斷聯盟、反聯盟，讓歐洲世界一片混亂。

　　大航海時代，法國經歷華洛亞王朝（1328～1498）、華洛亞・奧爾良王朝（1498～1515）、華洛亞・昂古萊姆王朝（1515～1589），最後止於波旁王朝（1589～1792）的第一任君主亨利四世，共歷經八位國王。此時的法國外求霸權，內爭宗教正統，戰火不斷。英國都鐸王朝開始的1485年，野心勃勃的法王查理八世剛即位第三年，在他的幫助下，流亡法國的亨利七世返回英格蘭成為英王。

掀起半世紀戰爭的查理八世（1483～1498）

1494年，查理八世率領法國大軍前進那不勒斯，各國也開始有所行動。當時教宗亞歷山大六世為了阻止查理八世的野心，宣布阿方索（Alfonso）繼承那不勒斯王位；而佛羅倫斯王一向有與法國結盟的傳統，這一次卻選擇支持那不勒斯；威尼斯共和國採取中立，其他義大利各邦兩方都不想得罪，在中間搖擺不定。

受冕為王的阿方索開始制定防禦法國的計畫，首先派遣那不勒斯艦隊阻止奧爾良公爵與法國海軍從熱內亞的入侵；讓陸軍在艾米利亞——羅馬涅地區（Emilia Romagna）防守，再請佛羅倫斯王守住托斯卡尼，三方聯合防禦法軍的攻擊。但三個環節盡皆慘敗，阿方索緊急將王位傳給兒子費蘭蒂諾。其中佛羅倫斯王因為支持那不勒斯而被法國實施禁運，導致許多工人失業，失去民心，以至於法國進入佛羅倫斯時，不僅獲得支持、輕易通關，佛羅倫斯還與法國締結提供財務捐助的合約，形同法國的藩屬。

法國勢如破竹，長驅直入進入羅馬，查理八世與教廷達成進入教廷領土的協議，終於在2月22日攻進那不勒斯，那不勒斯王也無力回天，只能逃往他處。在法國攻陷那不勒斯後，1495年查理八世率軍離開那不勒斯，只留少部分軍力留守。

法國掀起的義大利戰爭不僅破壞了歐洲的和平，加上法國進入那不勒斯後，在當地強取掠奪的行為引起眾多不滿，因此，那不勒斯王費蘭蒂諾和他的兄弟費代里戈，作為起義軍的首領，以西西里島為根據地，希望收復義大利半島。這時，阿

拉貢的天主教國王斐迪南二世透過外交手段，讓羅馬教宗、神聖羅馬帝國皇帝、威尼斯、西班牙、米蘭結合成「反法神聖同盟」（又稱威尼斯同盟），一股反法的行動已蓄勢待發。

　　1495年，查理八世帶著法軍離開那不勒斯的途中，在福爾諾沃遭威尼斯同盟軍的追擊，稱為「福爾諾沃戰役」。此後查理八世一心只想回到法國，而留在那不勒斯的法國駐軍一方面受當地瘟疫影響，加上長期資源不足而士氣低落，1497年法軍終於退出義大利。

圖 4-3　查理八世進攻義大利路徑（1494～1495）

擴大戰爭的路易十二（1498～1515）

　　路易十二在即位後一年，便與威尼斯合作占領米蘭，並在

1501年聯合西班牙進一步占領那不勒斯。然而，占領成功後，兩國就領地問題有了爭執，法國起初藉著兵力取得優勢，西班牙軍隊退至巴列塔，從1502到1503年間，只能藉由從西班牙與西西里島的海上供應支撐，等到援兵來到，才開始反擊並獲得勝利。之後法軍意圖南進，卻在加里利亞諾河遭受西軍攻擊，1504年那不勒斯正式落入西班牙人手裡。

1508年威尼斯共和國藉著驅逐法國的機會大肆擴張自己的領土，於是西班牙、法國、羅馬教皇與神聖羅馬帝國聯合組成「康布雷同盟」，對威尼斯共和國發動攻擊，其餘義大利諸國也先後加入同盟。1509年法國作為戰爭主力出兵威尼斯，擊敗了威尼斯軍隊，此時法國勢力在義大利北部逐漸壯大，於是在1511年，英國、西班牙、瑞士、威尼斯與羅馬教皇又共同組成「神聖同盟」對抗法國，爆發了1512年的諾帆納戰役，此戰後，路易十二才完全退出義大利。

文藝國王法蘭索瓦一世（1515～1547）

有別於前兩位君王之好勇善戰，法蘭索瓦一世卻更重視法國的文藝發展，後世評價他為「法國第一位文藝復興式的君主」。法蘭索瓦之熱愛文藝，有兩個背景與條件。一來，在他之前的法國君王不斷重複征戰、擴張的行為，讓法國與義大利之間有所連結，義大利的新思想因而得以傳入法國。二來是法蘭索瓦的母親本身也愛好文藝復興藝術，耳濡目染下，他喜愛藝術的性格逐漸養成。

在位期間，法蘭索瓦極力支持與保護當代藝術家，達文西

便是其中一位。除了繪畫，他也鼓勵文學與建築的發展，傳說他的尚博爾城堡便是由達文西所設計。此外，他要求將羅浮宮依照文藝復興風格改建，才有了現今所見羅浮宮藝術博物館美麗的樣貌。

在政治上，法蘭索瓦一世與西班牙國王查理一世（亦即神聖羅馬帝國皇帝查理五世）依舊為了義大利領土多次爆發衝突。1525年的帕維亞戰役中，西班牙軍隊以大炮槍枝等優勢武力大敗法軍，最後法蘭索瓦一世被俘虜，雙方簽定法國需放棄義大利領土的合約。但法蘭索瓦一世於被釋放後隨即宣布合約無效，之後又陸續爆發三次戰役，法國皆戰敗。法蘭索瓦一世雖然提升法國的文化地位，但在國家的治理上，卻沒有留下太好的評價，他大興土木的行為以及與西班牙之間的鬥爭，讓國家經濟逐漸衰弱，只能用加重賦稅與販賣官職彌補，因此，他成為歷史上評價兩極的法國國王。

極端天主教徒亨利二世（1547～1559）

亨利二世即位後，延續著法蘭索瓦一世與西班牙之間的鬥爭，直到1559年與西班牙訂立《卡托坎布雷西合約》，為期65年的義大利戰爭才宣告結束。而亨利二世是完完全全的天主教徒，他曾經下令要法庭懲辦異端，對新教派的人處以火刑，埋下了日後宗教戰爭的種子。

英年早逝的法蘭索瓦二世（1559～1560）

十六世紀馬丁・路德在德意志發起了宗教改革，起初只是

希望改進教會的腐敗，不料改革之火愈燒愈烈，引發歐洲各國一連串新舊教的對立衝突。當時法國境內也有新教勢力興起，使得舊教倍感威脅，宗教戰爭便是由舊教迫害新教而起。1558年，法蘭索瓦二世與蘇格蘭女王瑪麗一世（瑪麗‧斯圖亞特）結婚，代表著未來的法國國王同時也將得到蘇格蘭的王冠，也將擁有對英格蘭的王位繼承權。在法蘭索瓦二世繼承王位後，掌握實權的吉斯公爵（也就是瑪麗‧斯圖亞特的舅舅）更加擴大了新舊教派之間的衝突。法蘭索瓦二世年僅16歲便因病去世，與瑪麗並未留下子嗣，由他的弟弟查理九世即位。

沒有實權的查理九世（1560～1574）

查理九世在位期間爆發了宗教戰爭，又稱胡格諾戰爭。1562年，吉斯公爵在瓦西鎮對胡格諾教徒（屬於新教）展開大屠殺，兩百多人受害，成為宗教戰爭的導火線。而後，吉斯公爵在圍攻奧爾良時被殺害。1563年，攝政王卡特琳頒布《安布魯瓦敕令》，讓胡格諾教徒有信仰與舉行宗教儀式的自由。到了1567年，胡格諾教徒試圖劫持國王查理九世，並圍攻巴黎，在北郊聖德尼一戰不分勝負，最後天主教與法國宮廷屈服，以簽訂《隆朱莫條約》告終。

1568年，迫於天主教派的壓力，查理九世撤銷先前頒布的《安布魯瓦敕令》，不但禁止胡格諾教派舉行宗教儀式，使所有官員都必須效忠天主教會，更下令胡格諾教派的牧師必須在兩個禮拜內離開法國，因而引發第三次宗教戰爭。最後胡格諾教派獲得勝利，卡特琳因而頒布《日耳曼敕令》，並設立新教

的安全區作為戰爭的結束。

　　第三次宗教戰爭剛平息不久的1572年，查理九世在母親慫恿下，暗地同意對胡格諾教派進行一項恐怖行動。吉斯公爵之子在胡格諾教徒聚集巴黎、慶祝波旁家族婚禮時，展開突擊，造成兩千多人死亡，此為「聖巴托羅繆之夜（St. Bartholomew's Day Massacre）」。殘忍的大屠殺引起胡格諾教徒起而對抗中央政權，查理九世於是簽署《拉羅竭爾和約》，開放部分城市擁有信仰自由。查理九世在母親的陰影下形同傀儡，無法有所作為，去世後由他的弟弟亨利三世繼位。

因王位繼承惹禍上身的亨利三世（1574～1589）

　　宗教戰爭仍在持續，第五次的戰爭是由胡格諾教派引起，1575年胡格諾教派發動全面起義，準備報「聖巴托羅繆之夜」一戰之仇，引發激烈衝突，最後簽訂《博略和約》，除了巴黎王室的住地之外，所有法國城市皆可以舉行新教儀式，並讓胡格諾教派有任公職的權力。但此舉引起天主教徒的不滿，於是1576年由吉斯家族組織了「天主教神聖聯盟」，要求宗教統一，於是戰爭又起，這次兩派訂立了《貝日拉克和約》，雙方各退一步，要求解散神聖聯盟，對胡格諾教派在《博略和約》中所獲得的權力加以限制。

　　一開始亨利三世的立場並不特別偏向哪一方，但在他的繼承人相繼去世後，他的妹夫，也是胡格諾教派的首領納瓦拉國王亨利成為繼承人。吉斯公爵亨利擔心，若由新教徒繼承為法王，將對天主教不利，於是他主導了1585年的「三亨利之

戰」。三亨利分別為法國國王亨利三世、吉斯公爵亨利與納瓦拉國王亨利，其中吉斯公爵亨利獲得西班牙的支持，而納瓦拉國王亨利則獲得英國及德意志的支持。1588年，吉斯公爵進入巴黎包圍王室，亨利三世於是逃出巴黎，並下敕令滿足所有天主教的要求，產生了以吉斯公爵亨利為主的新政權，亨利三世只得與納瓦拉國王亨利結盟。1589年亨利三世遇刺，納瓦拉國王亨利繼位，成為法王亨利四世。

波旁王朝首任君主亨利四世（1589～1610）

亨利四世屬於波旁家族，1589年即位後開啟了法國波旁王朝，但礙於他身為胡格諾教派的首領，天主教派無法認同其王位，內戰依舊持續。儘管亨利四世在戰事上接連取勝，卻遲遲無法攻入巴黎，為了拉攏民心，亨利於1593年改信天主教，短短6天內便成功進入巴黎，並受到隆重歡迎，之後他頒布《南特敕令》，宣布天主教為國教，也讓胡格諾教派在法國全境享有宗教自由，至此終於結束為期30年的宗教戰爭。

表4-2　八次宗教戰爭發起者與相關法條

戰爭次別	時　間	發起者	頒布法令／和約
第一次	1562～1563	吉斯公爵（舊教）	《安布魯瓦敕令》
第二次	1567～1568	新教徒	《隆朱莫條約》
第三次	1569～1570	查理九世	《日耳曼敕令》

第四次	1572～1573	吉斯公爵之子（舊教）	《拉羅竭爾和約》
第五次	1575～1576	新教徒	《博略和約》
第六次	1576～1577	天主教神聖聯盟（舊教）	《貝日拉克和約》
第七次	1579～1580	吉斯公爵亨利（舊教）	
第八次	1589～1593	亨利四世	《南特敕令》

第四章　哈布斯堡家族欲振乏力——德國

　　西元九世紀《凡爾登條約》簽訂後，東法蘭克王國成為日後的神聖羅馬帝國，在疆域最大時，包括今天的波蘭、瑞士、波西米亞、奧地利、德國、義大利北部，勢力甚至一度延展至西班牙，但其主體在今天的德國，因此德國向以繼承神聖羅馬帝國自居，稱其為「德意志第一帝國」，而神聖羅馬帝國亦可以「德國」來理解。在十六世紀以前，神聖羅馬帝國的選侯勝出者，必須得到羅馬教宗的支持，才能被加冕為神聖羅馬帝國「皇帝」，否則只能稱其為「德意志國王」或是「羅馬人民的國王」。

　　西元1273年，哈布斯堡家族的魯道夫一世（1273～1291在位）在神聖羅馬帝國的七位選侯中脫穎而出，首次被選為德意志國王（但並未得到教宗加冕而成為皇帝）。約150年後，同是哈布斯堡家族的阿爾布雷希特二世，於1438年被選為「德意志國王」，他雖未能加冕為神聖羅馬帝國「皇帝」，但由於身兼奧地利大公、匈牙利國王和波希米亞國王，已經掌握了神聖羅馬帝國的疆域，因此，可說自1438年開始，神聖羅馬帝國的王室便由哈布斯堡家族壟斷。

　　表面上，十六世紀的神聖羅馬帝國王權控制在哈布斯堡王朝手中，但境內的邦、省、諸侯領地、自治領地等，各自分散為大大小小的自治區塊，處於分裂的狀態。當時王權微弱，帝國也徒剩虛名。哈布斯堡家族雖試圖重振王權，卻因各國和德

意志諸侯的聯合反對而作罷。例如在西元1485年，神聖羅馬帝國腓特烈三世便在與匈牙利的戰爭中，失去了原先擁有的奧地利領土。而後在宗教改革興起之下，宗教的衝突影響至整個歐洲，改革的精神間接引發農民起義，從基層改變了社會結構。

表4-3　大航海時代的神聖羅馬帝國國王

王朝	國王	在位期間	大事
哈布斯堡王朝（1273～1556）	腓特烈三世	1440～1493	致力擴大哈布斯堡家族領土，但晚年失去所有奧地利領土
	馬克西米利安一世	1493～1519	為下一任哈布斯堡王朝鼎盛時期奠基
	查理五世	1519～1556	德國農民戰爭、俘虜法王法蘭索瓦一世、打擊新教、簽訂奧格斯堡和約、將王位分給兩位繼承人
奧地利哈布斯堡王朝（1556～1740）	斐迪南一世	1556～1564	和平主義
	馬克西米利安二世	1564～1576	嘗試讓新教與天主教言和
	魯道夫二世	1576～1612	答應波西米亞信仰自由的要求

分裂帝國的虛位國王——腓特烈三世（1440～1493）

　　腓特烈三世在1440年即位成為德意志國王，並在1452年加冕為神聖羅馬帝國皇帝，是最後一位在羅馬由教宗加冕的神聖羅馬帝國皇帝，他同時也兼任德意志的施蒂里亞公爵（1424年起）和奧地利公爵。雖然貴為國王，但當時德意志內重大決策權都掌握在各諸侯手裡，腓特烈三世只能致力於擴大哈布斯堡家族自身的領土。到1464年為止，他幾乎已經取得所有奧地利的領土。然而，在1485年他與匈牙利國王馬加什一世的戰爭中，奧地利領地包括維也納幾乎被對方占領。腓特烈三世在晚景落寞下，離群索居，在研究星象學和鍊金術中度過餘生。

聯姻即和平——馬克西米利安一世（1493～1519）

　　腓特烈三世之後的神聖羅馬帝國皇帝是馬克西米利安一世，他藉由自身與子女不斷的聯姻，爭取到法國勃艮第的領地，與其孫子在西班牙的王位，讓哈布斯堡王朝的影響力大增。當法國進攻義大利時，他為了抵制法國，也透過聯姻和米蘭與西西里國王拉近關係，可以說是操弄政治婚姻利益的佼佼者，與同時代的英王亨利七世有相同的聯姻專長。1490年，匈牙利國王馬加什一世死後，他從匈牙利手中奪回腓特烈三世當初失去的奧地利主權，為日後哈布斯堡王朝的發展奠定良好基礎。

　　1496年，馬克西米利安會同教皇、西班牙、威尼斯、米蘭等勢力，將法國趕出義大利。但於1499年進攻瑞士聯邦時，因戰敗被迫承認瑞士獨立。1508年，教皇授予他神聖羅馬帝國皇

帝的封號，從此以後，德意志國王不需至羅馬接受教皇加冕，直接升格為神聖羅馬帝國皇帝。在馬克西米利安一世的任期內，由馬丁・路德發起的宗教改革之火始現，之後延燒到整個歐洲。但馬克西米利安在宗教改革爆發的兩年後（1519）就死了，應尚未感受到宗教改革的震撼。

頭銜眾多的查理五世（1519～1556）

十六世紀初，查理一世繼承西班牙國王，並在之後神聖羅馬帝國皇帝的選侯中勝出，成功加冕為神聖羅馬帝國皇帝，是為查理五世。查理五世是馬克西米利安一世的孫子，他同時擁有西班牙國王、神聖羅馬帝國皇帝、西西里國王與那不勒斯國王的身分，並得以統領西班牙廣大的海外殖民地。查理五世的時代，是繼古羅馬帝國以來，歐洲最接近統一的時期。查理為了爭奪義大利的主權，也參與義大利戰爭，對抗法國，他曾經俘虜法王法蘭索瓦一世，讓他簽下放棄義大利領土的《馬德里條約》，但事後法王毀約。

當時德國另一個令人畏懼的敵人是土耳其的鄂圖曼帝國，兩國從1526年起便不斷有爭鬥，法蘭索瓦一世分別在1536年、1542年和土耳其結盟，對查理五世造成威脅。查理因而聯合英王亨利八世逼迫法蘭索瓦一世簽署和約，同時也與土耳其約定互不進犯。

當時宗教改革已盛大興起，查理五世對此抱持完全反對的態度。1520年，馬丁・路德寫了《致德意志貴族公開書》、《教會被擄巴比倫》、《論基督徒的自由》表達他對羅馬公教

的不滿，引起羅馬公教的敵視。查理五世曾經召喚馬丁‧路德
參與沃木斯議會，要他對立場做出說明，馬丁‧路德堅持自己
的想法，於是查理五世宣布馬丁‧路德及其追隨者有罪，宣判
其為異端，任何人皆可拘捕他。但由於印刷術的發明，知識和
消息迅速傳播，馬丁‧路德的思想擴展到普魯士、丹麥、匈牙
利及其他德語區，後續的情況再也不是查理五世所能控制。

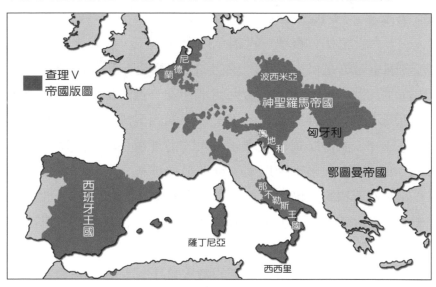

圖 4-4　查理五世後期版圖（十六世紀中）

宗教改革連鎖效應──農民戰爭

　　由於統治者施以農奴制剝削農民，不斷增加農民負擔的賦
稅，農民生活苦不堪言，反抗情緒逐漸累積。馬丁‧路德發起
的宗教改革，提到人不是任何人的奴僕等觀念，影響了農民，
他所著的《論基督徒的自由》更成為農民的教科書，農民漸漸
知道自己應該擁有和貴族、領主一樣的權利，希望追求自己的

自由，農民戰爭因而爆發。

　　1524年，在詩瓦本南部的黑森林地區爆發了起義，之後擴展到詩瓦本、福蘭肯、阿爾薩斯等地，參加此場戰爭的農民與其他階層多達十萬人，他們起義的目的不在消滅整個封建制度，也不是單純追求暴力的行動，他們要求的是對農民的平等，希望改善他們的處境。1524年激進派的農民制定《書簡》，而在1525年經過多次談判後，農民發表了較為溫和的《十二條款》，發表他們的改革意見，提出廢除農奴制等要求，並成立「上詩瓦本同盟」。

　　這兩份條款迅速被印刷、傳閱，成為農民的指導準則。到了後期，農民們逐漸擺脫封建制度的壓迫，他們燒毀了無數莊園、教會與宮廷，甚至建立起自己的政權。於是諸侯們開始聯合軍隊鎮壓各地的農民軍隊，無數的農民領導人和農民遭到殺害，勢力大減，農民運動漸緩。儘管元氣大傷，農民運動仍持續在第羅爾茲堡地區進行，並成功擊退前來鎮壓的詩瓦本聯軍等軍隊，但最後仍不敵一再的攻擊，農民戰爭終究以失敗告終。

　　1530年起，天主教一方面打擊新教，一方面也開始整頓內部，企圖鞏固舊教人心，信奉天主教的查理五世試圖嚴懲信奉新教的諸侯，上演了幾次戰爭皆失利，於是在1555年與諸侯簽訂《奧格斯堡宗教和約》，同意讓新舊教共存於德意志，也在此條約後，查理五世漸漸淡出政治舞台。1556年查理五世迫於壓力，將西班牙和低地國（尼德蘭）傳給了兒子腓力二世，奧地利公爵位傳給弟弟斐迪南，從此哈布斯堡王朝分裂為「奧地

利」與「西班牙」哈布斯堡王朝。

政局平穩的斐迪南一世（1556～1564）

查理五世將奧地利交給弟弟斐迪南一世，因此他成為奧地利哈布斯堡王朝的繼承者，並於1558年加冕為神聖羅馬帝國皇帝。斐迪南一世即位之前，身分為匈牙利國王與波希米亞國王，他擔任神聖羅馬帝國皇帝不到10年，大部分時間，他都是匈牙利兼波希米亞國王。然而，實際上他僅能控制一小部分的匈牙利，大塊領地掌握在鄂圖曼土耳其帝國手裡。土耳其人曾在1529年、1533年兩次圍攻維也納，引發危機。在斐迪南的努力下，最後他得以控制匈牙利西部，但東部被特蘭西瓦尼亞統帥亞諾什占領，南部則被併入鄂圖曼帝國。面對鄂圖曼帝國的威脅，斐迪南選擇用和平政策，一直小心翼翼地維持雙方友好，因此在他擔任神聖羅馬帝國皇帝期間，算是政局平穩，海內外昇平。

同情新教徒的馬克西米利安二世（1564～1576）

馬克西米利安二世是斐迪南一世的兒子，幼時接受了良好的人文主義教育，更因曾經受教於馬丁‧路德的學生，他對新教頗有好感，可以說是唯一一位傾向新教信仰的哈布斯堡家族成員。其宗教傾向曾令父親斐迪南擔憂，因為教宗明言，若斐迪南選了一位新教繼承人，斐迪南的神聖羅馬帝國皇位將不被教宗承認。在哈布斯堡家族面臨此重大難關時，壓力全指向馬克西米利安，這時新教徒並沒有對他表示支持，因此馬克西米

利安在1560年，終於公開宣布信仰天主教。1564年斐迪南去世，馬克西米利安便加冕為神聖羅馬帝國皇帝。

他一上任便有意准許教職人員結婚，但羅馬教宗並不同意，即使如此，在他的奧地利領地上，他給予新教派貴族宗教信仰的自由。1568年他再次試圖讓新教與天主教言和，卻始終無法成功。在帝國會議上，馬克西米利安因無法滿足新教徒提出的宗教訴求，這些諸侯國甚至不願意幫他守禦帝國邊疆。作為一個神聖羅馬帝國皇帝，馬克西米利安的號召力量相當薄弱，與土耳其之間的和平也是靠著進貢給蘇丹換取。1576年臨終前，他拒絕接受天主教的聖禮，借此表明自己真正的宗教立場。

三十年戰爭間接導因者──魯道夫二世（1576～1612）

馬克西米利安二世的繼位者為其子魯道夫二世，他從小在西班牙接受嚴格的教育，形成他保守、神祕和沉默寡言的性格。在他父親去世後加冕成為神聖羅馬帝國皇帝，他在位期間並無太大政績，僅在1593年和土耳其之間發生了鄂圖曼戰爭，時間長達13年。1609年信奉新教的波西米亞對神聖羅馬帝國提出宗教自由的要求，魯道夫二世簽署了同意的文件，讓新教有了更多自由與特權，間接導致往後的「三十年戰爭」。魯道夫在政治方面雖是庸庸碌碌，但他是一名藝術愛好者，狂熱於蒐集畫作、石刻等藝術作品，他對科學也有濃厚興趣，曾命令天文學家編製行星運行表，是個促進科學革命的君王。

第五章　無敵艦隊的末日——西班牙

　　中古世期，伊比利半島上的小王國卡斯帝亞，隸屬於萊昂王國，十世紀時，卡斯帝亞的伯爵——法倫・哥沙里反抗萊昂王國，成功地讓卡斯帝亞主權獨立，自此無需再聽從萊昂國王的指令。1469年，卡斯帝亞公主伊莎貝拉與阿拉貢王子斐迪南完成婚禮，數年後兩人分別繼承了卡斯帝亞與阿拉貢的王位，成了伊莎貝拉一世與斐迪南二世。在兩人合力的統治下，兩國趨於統一，成立了共主邦聯的體制。1492年在卡斯帝亞與阿拉貢的軍隊聯手攻擊之下，攻下格拉納達，取代了穆斯林在伊比利半島上的統治，西班牙的「收復失地運動」宣告完成，伊比利半島上第一個統一政體西班牙誕生。

　　英格蘭的亨利七世即位時，西班牙是女王伊莎貝拉一世與斐迪南二世共同執政，她的小女兒阿拉貢的凱薩琳即是英王亨利八世的第一任妻子。之後的西班牙王位由查理一世（亦即神聖羅馬帝國皇帝查理五世）兼任，其時英國是亨利八世在位。查理之後的腓力二世、腓力三世在位時，在英國則是伊麗莎白女王的時代。與都鐸時期同個時空下，西班牙從統一到茁壯，發展出不遜於英格蘭的勢力與歷史，如取得廣闊的海外殖民地，並成為海上霸權國家。然而，1588年西班牙無敵艦隊征英慘敗後，海上霸權開始轉手讓給英國。

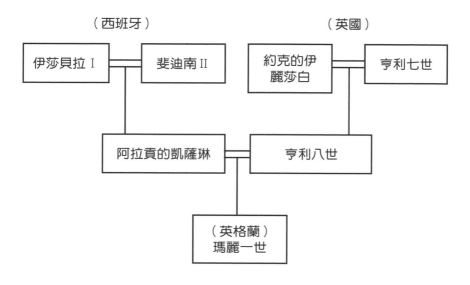

圖 4-5　西班牙與英國的姻親關係

西班牙的誕生——收復失地運動（718～1492）

　　收復失地運動（Reconquista）在西班牙語和葡萄牙語中是「重新征服」的意思，意指當地的基督徒要從穆斯林手中取回被占領的失地。七世紀起，伊斯蘭教興起於阿拉伯地區，後來建立奧米亞王朝，不斷向外延伸版圖。710年，阿拉伯的穆斯林先占據了伊比利半島南部，爾後在714年，完全攻占伊比利半島。穆斯林雖然在統治上採取寬容的政策，允許當地的基督教信仰，然而兩者在文化、信仰上的差異，加上統治者間政治鬥爭所造成的社會動亂，讓伊比利的居民一直生活在水深火熱之中。

　　西元718年，西哥德王國亡於阿拉伯人後，脫逃的貴族佩拉約率領基督教徒起事反抗，同年阿斯圖里亞斯王國復辟，這一

年被認定為收復失地運動的開始。歷經了好幾個朝代的更迭，時間來到了1482年，這時候阿拉伯的伊比利半島由奈斯爾王朝所統治，內部發生了紛爭，卡斯帝亞與阿拉貢的聯合軍趁此攻入奈斯爾的首都——格拉納達，奈斯爾王朝宣告滅亡，長達七世紀的收復失地運動終於完成。

哥倫布與美洲新大陸

1492年，卡斯帝亞王國和阿拉貢王國聯合成立了西班牙王國，擊敗阿拉伯的穆斯林，成功收復伊比利半島。同一年，義大利人克里斯多福·哥倫布得到西班牙女王伊莎貝拉一世的贊助，出海尋找新大陸，揭開了西班牙海上帝國的序曲。

哥倫布出生於義大利的熱那亞，自幼便喜歡航海，長大之後為了貫徹他的志趣，曾先後向西班牙、葡萄牙、英國、法國等國的國王尋求贊助，但都得不到佳音。直到1492年，信奉基督教的西班牙擊退了伊比利半島上的伊斯蘭教勢力，讓西班牙、葡萄牙的統治者堅信上帝與他們同在，進而產生了強烈的宗教使命感，令他們相信基督的教義是要經由他們的手傳遍全世界，這種信念也是西班牙、葡萄牙積極發展海上勢力、拓展海外殖民地的動力之一。在如此的考量下，儘管財政吃緊，西班牙女王伊莎貝拉同意資助哥倫布的遠航計畫。

1492年8月3日，哥倫布率領了3艘艦隊：尼尼亞號、平塔號和旗艦聖瑪利亞號，從西班牙的薩爾特斯海灘啟程，兩個月後抵達了中美洲聖薩爾瓦多島，隔年3月返回西班牙。他帶回了一些印第安人和黃金，並把航行的每一天寫成日誌，也詳細記

載了發現新大陸的經過,即著名的《航海日誌》。後世對這樣的地理大發現頗有爭議,認為當時的美洲無須任何人發現,透過白令海峽露出的地表,人類早已經能在亞洲和美洲之間通行無阻了,所謂「哥倫布的發現」只是從歐洲人的角度來定義罷了!但不論如何,哥倫布是第一個帶領歐洲人認識新大陸存在事實的人,這卻是無可置疑。

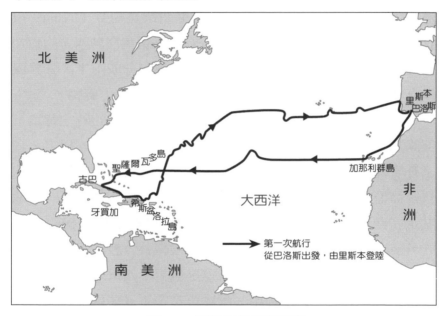

圖 4-6　哥倫布的美洲航路

輕易將世界劃分為二的紙上作業

　　在十五至十七世紀這個大航海的時代,西班牙在伊比利半島上有一個競爭對手:葡萄牙。西班牙的海上探索起步略晚於葡萄牙,在這之前這兩個鄰居並未有過直接的競爭。西葡兩國的競爭始於爭奪非洲西北岸的加那利群島,後來藉由《阿爾

卡蘇瓦什條約》（Treaty of Alcacovas）的簽訂，西班牙確保了該群島的所有權，相對的，葡萄牙則獲得了馬德拉、亞速爾群島，以及維德角群島的所有權。

發現通往亞洲的新航線後，積極展開貿易的西葡兩國，很快地便在香料群島起了爭執，掀起勢力劃分的另一波瀾。自1523年，兩國開始談判，最後在教宗亞歷山大六世的調停下，在1494年簽訂了《托爾德西里亞斯條約》（Treaty of Tordesillas）。條約的內容是劃出一條在維德角群島西方約1770公里處的分界線，除去歐洲國家，將世界劃分成兩半，分界線以東屬葡萄牙的勢力範圍，以西則屬西班牙的勢力範圍。

這條虛擬的線形成得如此滑稽，不過在當時的時空背景下卻能為人所接受。十五世紀的基督教會有個不成文的規定，教宗有權利將被發現的地區交由基督教的統治者治理。但當時的教宗亞歷山大六世是個不折不扣的西班牙人，由於簽約的地點定在西班牙的托爾德西里亞斯小鎮，條約名稱便採用小鎮的名字，而劃分兩國勢力的分界線也被稱為「教宗子午線」。葡萄牙王若昂二世認為教皇畢竟還是偏袒了西班牙，後來陸續還起了一些爭執，到1529年，兩國再次簽下《薩拉戈薩條約》（Treaty of Saragossa），重新劃分勢力界線。

為愛瘋狂的卡斯帝亞女王——胡安娜

伊莎貝拉和斐迪南一共育有五個子女，分別是長女伊莎貝拉、長子約翰、次女胡安娜、三女阿拉貢的瑪麗亞與四女阿拉貢的凱薩琳。因為長子、長女相繼逝世，所以胡安娜成了卡斯

帝亞的女王，她的妹妹就是嫁給英王亨利八世的第一任老婆，
阿拉貢的凱薩琳。

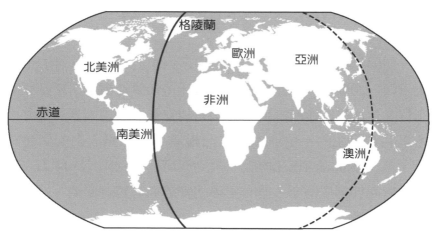

──── 1494年教宗子午線
　　　《托爾德西里亞斯條約》
------ 1529年教宗子午線
　　　《薩拉戈薩條約》

圖 4-7　教宗子午線

　　1496年，胡安娜與神聖羅馬帝國皇帝馬克西米利安一世的
獨生子，奧地利的腓力一世（美男子腓力）結婚，兩人當時均
不過十八歲。藉由與胡安娜的完婚，美男子腓力因此被卡斯帝
亞和阿拉貢的貴族議會「科特」承認為未來的君主。在宣誓效
忠後，腓力隨即返回了自己的領地佛蘭德斯──今日荷蘭的一
部分。腓力在結婚之前已是有名的花花公子，儘管如此，胡安
娜還是義無反顧的愛上了他。因忍受不了分離的相思，胡安娜
飛奔至佛蘭德斯與腓力會面。然而，夜夜笙歌的腓力終日與女
人廝混，兩人為此常常吵架，腓力一氣之下便徹夜不歸，讓胡

安娜陷入瘋狂的絕望之中，除了哭泣還常常以頭撞牆。但腓力見狀不但不加以安撫，反而向當地法院提出控告，宣稱胡安娜精神失常，並將之囚禁。後來胡安娜真的罹患精神病，應該與這個原因有關。

1504年11月，胡安娜的母親伊莎貝拉一世駕崩。腓力帶著妻子與一大票德國僱傭兵拜訪西班牙，希望能繼承卡斯帝亞的王位。但岳父斐迪南二世認為女兒胡安娜已是被囚禁的身分，所以共治君主的王位理應讓自己繼承，為此兩人之間引發紛爭，差一點釀成西班牙內戰。來到西班牙不到兩年，腓力在布爾戈斯死於斑疹傷寒，他的死讓胡安娜徹底精神崩潰，好一陣子片刻不離丈夫的屍首。

斐迪南二世讓發瘋的女兒胡安娜承認了他的共治權，往後就是一連串的囚禁歲月。胡安娜相繼被自己的丈夫、親生父親與親生兒子所囚禁，直到1555年死去為止。囚禁她的兒子後來繼承了卡斯帝亞的王位，統一西班牙，成為第一位的西班牙國王——查理一世，也就是神聖羅馬帝國的查理五世。

麥哲倫壯志未酬的環球航行（1519～1522）

麥哲倫是受到西班牙政府的支持，實現他環繞世界一圈的夢想，雖然死於航行途中，但他的部屬依然在他死後繼續向西航行，完成環球一週的創舉。

麥哲倫是葡萄牙人，年輕時就對航海十分著迷，16歲的時候進入葡萄牙的國家航海事務局服務。後來也持續為國家效力，參與海外的殖民戰爭，這些航海經驗的累積讓麥哲倫體認

到一件事實，那就是他認為地球是圓的，只要持續向西航行，終能再返回原地。為了證明他的想法，他便有了環球航行的打算。

33歲那一年，他向葡萄牙國王曼努埃爾一世表明了他的航行計畫，希望獲得國王的支持，但國王礙於《托爾德西里亞斯條約》的限制並沒有答應他的請求，失望之餘的麥哲倫因而離開葡萄牙，轉求助於西班牙。1518年3月，西班牙的國王查理一世接見了麥哲倫。當時的西班牙對東印度盛產的香料有著極濃厚的興趣，聽說麥哲倫計畫往西航行，可能會遇到香料群島（東印度群島），而且也不會違反《托爾德西里亞斯條約》，很快的便答應了麥哲倫的請求。

1519年8月，麥哲倫率領5艘艦隊、265名水手，全副武裝地從桑盧卡爾‧德巴拉梅達出發了。他們橫渡了大西洋、穿越美洲、進入太平洋，航行途中歷經重重危險，船員一度鬧叛變，而軍艦也一艘一艘被海浪所吞噬，最後麥哲倫一行人來到了太平洋的一個小島——菲律賓的宿霧港，麥哲倫知道自己離目標——香料群島不遠了，便在菲律賓休息了一陣子。期間，麥哲倫對當地居民進行殖民鼓吹，希望他們臣服於西班牙並接受洗禮，然而在一次的島民衝突中，麥哲倫率領部分船員想要平息紛爭，卻不幸死於其中。

身為艦隊司令的麥哲倫死後，他的船員以埃爾卡諾為首，繼續航行。1521年11月，艦隊來到了摩鹿加群島的蒂多雷小島，這裡就是他們這次遠航的目的地，在這裡西班牙船員得到了裝滿船的香料。歷經3年（1519～1522），麥哲倫的艦隊終

於返抵西班牙，完成了人類歷史上首度環球航行之舉。然而，歸來的艦隊只剩下維多利亞號一艘，船員也只有18人歸來。不過，他們費盡千辛萬苦所帶回來的香料卻相當值錢，開啟日後絡繹不絕向東方探險的風潮。

西班牙的國力顛峰——腓力二世（1556～1598）

腓力二世是神聖羅馬帝國皇帝查理五世，也是西班牙的查理一世的兒子，他繼承了哈布斯堡王朝大部分領地，包括尼德蘭、西班牙、西西里、那不勒斯、米蘭、西屬美洲與非洲殖民地。查理五世的堂弟斐迪南一世則成為神聖羅馬帝國皇帝，擁有奧地利與德意志這兩塊領地。因此，從西班牙的腓力二世與神聖羅馬帝國的斐迪南一世開始，哈布斯堡家族的勢力分屬「西班牙」與「奧地利」兩塊。而腓力二世在位期間，他所擁有的軍事與經濟力量都是西班牙歷史上最為強大的時代。

1554年，腓力二世與英格蘭女王瑪麗一世結婚，兩人都是天主教的絕對擁護者，所以當瑪麗一世想肅清國內的新教徒勢力時，腓力二世也一同參與。他對宗教的狂熱在諸多政策上得到印證，無論是建立西班牙無敵艦隊征服新教國家，或是支持天主教的宗教裁判所嚴懲異端，都是他對於信奉「異教者」所施行的「天譴」。

腓力二世與瑪麗女王結婚之後，並沒有久待在英國。而他在英國也不受歡迎，當時英國內部輿論並不贊成女王與他結婚。等到瑪麗一死，支持新教的伊麗莎白一世繼位為英格蘭女王時，腓力二世曾向她求婚，卻遭到拒絕。想到伊麗莎白的宗

教立場、求婚被拒的窘狀，以及英國海上勢力的慢慢崛起，致使腓力二世做出改變西班牙命運的決定，他下令無敵艦隊向英格蘭宣戰。這就是史上著名的英西戰爭。

就雙方實力來說，英國海軍的軍艦數量與兵力人數均處於劣勢，戰艦的性能又不及西班牙艦隊，但英國將領豪金斯做了改良，讓船體變小、具機動性與速度，並裝載了遠距離射程的炮彈與火藥，打算以快速移動與遠距離攻擊的方式迎戰。雙方在加萊港附近會戰，在德雷克、豪金斯與雷利的率領之下，英國海軍以打帶跑的方式不斷進行突擊，西班牙海軍被攻擊得七零八落，倖存的西班牙船艦狼狽的逃回西國，回國時僅存43艘船艦（原有130艘）。這一仗讓西班牙損失慘重，元氣大傷，從此國勢開始衰落，英國乘勢崛起稱霸海上。

腓力二世在位期間，企圖維持一個天主教大帝國，故大量投資軍費。儘管有廣大殖民地的經濟支持，龐大的軍費支出終究造成財政危機，令他三度宣布國家破產（1557、1575、1598年）。加上他毫不妥協的宗教政策，令西班牙到處樹敵。在他去世後，西班牙很快就衰落了。

昏庸、虔誠的腓力三世（1598～1621）

腓力三世繼承了父親腓力二世創建的大帝國，也繼承了父親對天主教的忠誠與堅持，但可惜沒有繼承到父親的治國才能。他的一生頗為平庸，朝政幾乎掌握在他的寵臣萊爾馬公爵手裡，而國王自己則沉浸於宮廷的遊樂中。腓力三世即位時，英國已成為海上新霸主，威脅著西班牙在歐洲、美洲的勢力。

但他既無能力也無興趣和英國競爭，頂多以支持愛爾蘭獨立運動來扯英國後腿而已。他在位期間，持續對信仰新教的尼德蘭用兵，但最終放棄，與聯省共和國（尼德蘭地區，即後來的荷蘭）締結十二年停戰協定。到他的兒子腓力四世在位期間，便承認了荷蘭的獨立。

西元1603年，西班牙在菲律賓的總督領導西班牙人、菲律賓人、日本人，對馬尼拉和整個呂宋島的華人展開一場大屠殺，華人的死亡人數約在15,000到30,000人之間，史稱「馬尼拉大屠殺」。

表4-4　大航海時代的西班牙國王

王朝	女王／國王	大事件
卡斯帝亞王朝（1035～1516）	伊莎貝拉一世（1474～1504）	西班牙統一、哥倫布發現美洲新大陸、西葡《托爾德西里亞斯條約》
	斐迪南二世（1504～1516）	
西班牙哈布斯堡王朝（1516～1700）	查理一世（1516～1556）	麥哲倫船隊完成環球首航
	腓力二世（1556～1598）	英西海戰敗給了英國
	腓力三世（1598～1621）	與尼德蘭停戰、馬尼拉大屠殺

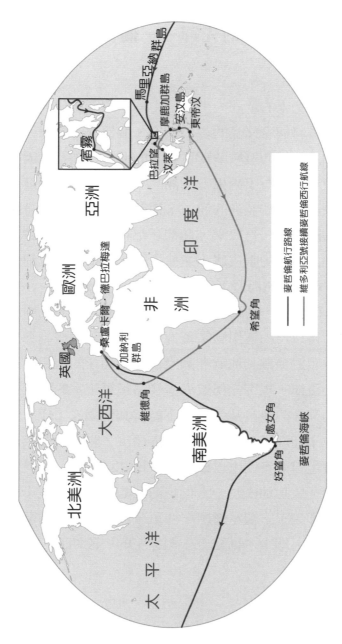

圖 4-8　麥哲倫船隊環行航線

第六章　海外探險的先鋒──葡萄牙

　　對十五世紀末的歐洲人來說，中國和印度所代表的是蘊藏無數黃金、香料與奢侈品的夢幻國度，偏偏地處偏遠，加上當時由阿拉伯人統治的區域壟斷了貿易的通行，甚至還因交通的阻隔，即使有錢也買不到東方的商品，因此歐洲人極度想要尋求一條由大西洋通往亞洲的通道，葡萄牙便是第一個嘗試東方探索之旅的國家。一直以來，葡萄牙都在海上商業前輩「威尼斯」與「熱內亞」的眼皮底下遠航，因此必須妥善處理保密問題，以免本國新的航海發現讓其他國家坐享其成。

　　早在十四世紀，葡萄牙便削弱貴族的勢力，成為中央集權國家，因而得以自由運用國家資源，並藉由王權控制海上的發展。當時為了避免讓其他歐洲國家得知葡萄牙的情報，王室制定了嚴苛的法律，規定任何航海者皆需獲得王室的同意才能出海貿易，葡萄牙的船員及領航員不能替其他國家工作，國家出版的著作也不能即時刊載最新的航海發現，包括地圖及航海圖等，一旦發現違規者便處以極刑。便是在這樣嚴苛的管理與主導下，葡萄牙成功地成為十六世紀海上的霸主。但在十七世紀初，葡萄牙卻因王室繼承斷絕，西班牙國王入據兼領葡萄牙，西葡二國合併。即十六世紀至十七世紀的一段期間，西班牙同時併有葡萄牙。

表4-5　大航海時代的葡萄牙國王

王朝	國王	事件
阿維什王朝 （1385～1580）	若昂二世 （1481～1495）	狄亞士發現好望角、西葡簽訂《托爾德西里亞斯條約》
	曼努埃爾一世 （1495～1521）	達伽瑪從歐洲繞非洲好望角到印度、葡人初次到達中國和日本
	若昂三世 （1521～1557）	麥哲倫船隊完成環球首航、西葡《薩拉戈薩條約》、葡人取得在澳門貿易特權
	塞巴斯蒂昂一世 （1557～1578）	葡人占領澳門，並取得澳門正式居住權
	恩里克一世 （1578～1580）	無繼承人，被腓力二世併入西班牙哈布斯堡王朝之下
哈布斯堡王朝 （西班牙） （1581～1640)	腓力一世 （1580～1598）	兼西班牙國王
	腓力二世 （1598～1621）	兼西班牙國王

大航海時代奠基者若昂二世（1481～1495）

　　葡萄牙的海外發展第一站是非洲。從1419～1486年，先是亨利親王到達西非，發現馬德拉（Madeira）與維德角群島

（Cabo Verde），掀起葡萄牙航海的熱潮，之後來自幾內亞的黃金更厚實葡萄牙向外發展的實力。1458年以後，國王阿方索五世（Afonso V）親自領導的遠航隊到達幾內亞灣，在北非與摩爾人（今摩洛哥人）作戰後獲取大片土地。其繼承人若昂二世對於航海事業也有著同樣的熱情，19歲時（1475）便接手管理亨利親王（1394～1460）所留下的航海相關事業，在1481年即位之後大力支持西非的航海探險，在迦納建立起商業據點，此據點在1637年後成為葡萄牙在西非的總部。

1482年，葡萄牙人登陸剛果。4年後（1486），狄亞士出航繼續探索非洲，到達非洲南端。而哥倫布則在西班牙的資助下，於1492年「發現」美洲新大陸。西、葡兩國在遠航的競爭在此時達到高峰，兩國堅持自己的船隊到達的地方即是本國領土，當同時或前後登陸一處，便會產生爭執。1494年，在羅馬教宗亞歷山大六世調解下，簽訂了《托爾德西里亞斯條約》，規定出西葡分界線（稱為教宗子午線），也象徵了西葡兩國在世界的殖民分界線及其影響力。

除了往外擴張的事業，若昂二世在國內也有不少政績。首先，他削弱父親在位期間當政的貴族勢力，並改組了行政機構，將權力掌握在自己手裡；此外也致力與許多歐洲國家建立正式外交關係；而在西班牙迫害猶太人的時候，更接納了無處可去的猶太人，讓善於經商的猶太人促進了葡萄牙的商業發展。當時西班牙國王只有一個女兒，野心很大的若昂二世便希望藉由聯姻的方式，取得西班牙政權，只是這個美夢在葡萄牙王子騎馬不慎摔落死亡後便告破碎。王儲死後，貴族們藉此機

會推舉若昂二世的堂弟為繼承人，但這個堂弟是當初被國王處死的貴族之子，讓他當繼承人也意味著貴族勢力的回歸，儘管若昂二世極力避免，但他死後仍由曼努埃爾一世即位。

「幸運兒」曼努埃爾一世（1495～1521）

　　曼努埃爾一世繼承了若昂二世的航海功績，在前人打下的良好基礎上繼續葡萄牙的航海冒險。1497年他派遣航海家達伽馬繼續往印度展開探索，這時葡萄牙已經有狄亞士先前的航海記錄，對非洲西岸的地形瞭若指掌，加上航海技術的進步，達伽馬輕易地繞過好望角，沿著非洲東岸向北前進，終於在1498年抵達印度半島西南海岸。這次航海經驗不但帶給葡萄牙可觀的財富，更是歐洲人首次到達印度的創舉，終於在不斷地嘗試下，開通了由歐洲到達東方的航線。

　　此外，達迦馬的愛將，也是海軍將領的阿方索（Afonso de Albuquerque）是葡萄牙勢力擴展到東亞的代表人物。1509年，他控制了連接印度洋與地中海的兩條航線，1511年征服麻六甲，在馬來半島上建立葡萄牙的勢力，並將爪哇、蘇門答臘、暹邏等地收為領土，替葡萄牙創下一連串海上戰績。而在1513年，葡萄牙成功到達中國和日本，促進了中西文化的交流。在曼努埃爾一世在位期間，葡萄牙的海上活動發展快速，原因就在於他之前的君王已經奠定良好的航海基礎，因此他又有「幸運兒」的稱號。儘管坐享前人成就，但他承續前人志業，積極地發展海上事業，亦功不可沒。

　　在世界航海史中，還有一項顯著的成就，就是麥哲倫航

行世界一週的壯舉。身為葡萄牙人的麥哲倫於1480出生於葡萄牙，16歲進入國家航行事務廳工作，因而接觸許多遠洋航行的事務，25歲時就到過印度，雖然遇到和阿拉伯商人的衝突與船隻觸礁事件，但他不但不畏懼，還因此產生航行世界一圈的想法。做好一切資料的準備後，他向葡萄牙國王曼努埃爾一世提出向西航行可到達東方香料群島的想法，可惜國王不予以支持，沒想到這個決定就將此偉大的航海紀錄拱手讓給西班牙。麥哲倫之後轉向西班牙國王查理五世請求贊助，獲得同意後，在1519年出發，完成繞行世界一週的紀錄。

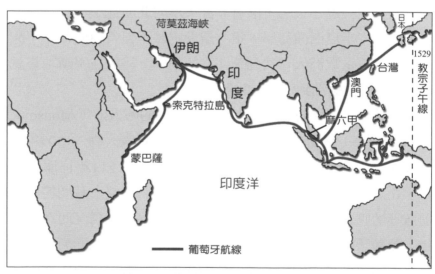

圖 4-9　葡萄牙極盛時期亞非航線

海上霸主末代若昂三世（1521～1557）

　　相較於之前的君王不斷地擴張再擴張殖民地，若昂三世更注重的是天主教在這些殖民據點的傳播。《托爾德西里亞斯條

約》簽訂後，西葡兩國劃分了當時西半球的領土，但當麥哲倫登陸菲律賓與香料群島後，對於香料群島等地的主權又讓西葡起了爭執，於是在1529年簽訂《薩拉戈薩條約》，以劃分兩國在東亞的殖民範圍。

　　葡萄牙商人在1553年踏上澳門的土地，詢問民眾當地地名，居民以為他們問的是那裡的廟宇名稱，便回答媽閣（Mamkau），之後葡人便以Macau稱呼澳門，是為今日澳門名稱的由來。1557年葡人在廣東官府出於利益的同意下進駐澳門，往後澳門逐漸成為葡萄牙的管制範圍，對澳門的占領直到1999年才結束。

　　1557年葡萄牙海上霸主的地位已經開始動搖，儘管被稱為香料王國，但當時出海遠航所需要的資金相當龐大，欲占領當地又有不小的風險，像是當地駐軍被殺害、艦隊被擊沉等等，儘管獲益不小，但在財力與人力都逐漸形成入不敷出的情況。當時王室掌握所有的貿易利潤，葡萄牙雖然掌控與東方的貿易，本國卻沒有太多商品可供出口，因此演變成從西歐其他國家進口商品，再轉賣到東方換取香料等產品的惡性循環，不利於本國發展。而也因為將貿易作為國有事業發展，各地據點的人員腐敗，讓壟斷貿易變成王室的負擔。若昂三世還來不及挽救葡萄牙的劣勢便去世了，繼位者是他的孫子塞巴斯蒂昂一世。

一心征服摩洛哥的塞巴斯蒂昂一世（1557～1578）

　　若昂三世去世時，塞巴斯蒂昂一世還是個嬰兒，由他祖母

卡特琳攝政，1562年後才改由紅衣主教恩里克攝政。塞巴斯蒂昂一世小時候深受耶穌會的影響，是個神祕主義者，總是相信自己會以耶穌之名征服非洲。由於身體與精神上都患有疾病，他極少過問政事，這也讓他有更多時間籌劃一場「聖戰」。

親政後不久，他便進攻摩洛哥，起初並沒有成功，但他毫不灰心，1578年又準備了一支軍隊，聯合摩洛哥被廢的蘇丹穆泰瓦基勒，在馬哈贊河附近與摩洛哥蘇丹馬利克一世激戰。對方的軍備雖略遜一籌，但攻勢勇猛，塞巴斯蒂昂一世只能撤退，就在橫渡馬哈贊河時，塞巴斯蒂昂一世不幸溺死，這一場戰爭由於是葡萄牙王、摩洛哥被廢蘇丹、現任蘇丹的戰爭，被稱為「三王之戰」。當時留在摩洛哥的葡萄牙士兵成為俘虜，為了花錢贖回這些俘虜，葡萄牙經濟大傷，加上塞巴斯蒂昂一世死後沒有子嗣，一時之間王位無主，只剩下紅衣主教恩里克擁有繼承權（他是曼努埃爾一世後代），但恩里克主教的身分讓他無法結婚獲得子嗣，因此只是短暫的接替王位。當時尚可能成為繼承人的有曼努埃爾的三個孫子，雖召開宮廷會議，但孫子之一腓力二世（西班牙王）拒絕參加，反而在西葡邊境備有重兵等待機會，最後恩里克在繼承人問題懸而未決的情況下便去世了，腓力二世率兵攻進葡萄牙，於是葡萄牙的王位便轉入西班牙哈布斯堡王朝名下。

在葡萄牙愛國者的眼中，塞巴斯蒂昂一世並沒有死，只是在非洲「失蹤」了，他們相信這位因聖戰出征的君王，在國家遇到緊要關頭時，便會出現拯救大家。在西班牙占領葡萄牙期間，有三個人前後冒充塞巴斯蒂昂，進行鼓動宣傳。帶領

葡萄牙從西班牙獨立出來、被稱為「復國者若昂」的若昂四世
（1640～1656）甚至宣稱，只要塞巴斯蒂昂回國，他便讓出王
位。更誇張的是，到了十九世紀拿破崙占領伊比利半島時，人
民之間還流傳著國王塞巴斯蒂昂將回葡萄牙拯救人民的謠言。

占領者西班牙國王——腓力一世（1580～1598）＆腓力二世（1598～1621）

　　葡萄牙被併入西班牙後，兩位國王分別是西班牙王腓力二
世（在葡萄牙稱腓力一世），以及其子腓力三世（在葡萄牙稱
腓力二世）。腓力一世（西王腓力二世）喜愛征戰，當時英國
的海上勢力逐漸興起，西班牙與英國便在海上展開競爭，西班
牙的無敵艦隊最終被英國打敗，元氣大傷，西班牙開始衰弱。
之後的繼位者腓力二世（西王腓力三世）即位後，將權力交給
萊爾馬公爵，無心政事，最終葡萄牙的海外活動就隨著西班牙
的沒落而隕落。

　　西班牙王在葡國內愈來愈不得民心，加上貧困加劇，葡萄
牙國內起義不斷，國人也廣泛流傳著國王塞巴斯蒂昂並沒有
死，將回國奪取王位。而塞巴斯蒂昂的合法繼承人布拉干薩公
爵（其祖先是若昂一世的私生子）被當成塞巴斯蒂昂，受到支
持。1640年，在葡萄牙貴族的策劃下，占領里斯本王宮，迫令
西班牙駐軍投降，至此，布拉干薩公爵若昂成為新的國王，稱
若昂四世。

第七章　海上馬車夫準備啟程──荷蘭

　　歷史上的尼德蘭（Netherlands）原是地區名稱，意思為
「低地」，範圍涵蓋今天的荷蘭、比利時、盧森堡和法國東北
部地區，十一世紀起至十四世紀，尼德蘭分裂成許多封建領
地，名義上為神聖羅馬帝國和法國的采邑，實際則由當地貴
族統治。十二世紀初，尼德蘭的伯爵家族為主要勢力。西元
1234～1256年，尼德蘭伯爵威廉二世特許各城鎮擁有貿易權，
以鼓勵自治區的發展。尼德蘭伯爵家族的末代子孫約翰一世死
後，由其親戚阿維斯涅斯家族取得尼德蘭的統治權。在阿維斯
涅斯家族統治期間，大規模開發土地以促進經濟繁榮，城鎮也
因貿易成長和漁業經營而獲利。

　　十五世紀時，在勃艮第公爵家族的統治下，尼德蘭經濟盛
極一時，鯡魚漁業及海運貿易業均蓬勃發展。然而在勃艮第公
爵「大膽的查理」統治時期，頻頻對外發動戰爭並與法王路易
十一對抗，讓尼德蘭人民飽受重稅之苦。1477年南錫之戰，查
理死於戰場，中央政府瓦解。查理沒有男嗣，生前將女兒瑪麗
嫁給哈布斯堡家族，因此，自1482年起，尼德蘭及其他勃艮第
屬地就全部歸屬哈布斯堡家族管理。

　　這時期的尼德蘭，屬西班牙管轄，但作為一個貿易盛地，
其重要性受到各國矚目，例如英國的亨利七世處心積慮與西班
牙聯姻，其中一項考量便是藉此獲取西屬尼德蘭的商業利益。
尼德蘭由於貿易發達，極易接觸到最新的訊息與思維，因此當

宗教改革風波一起，該地的新教勢力迅速發展；而在政治與宗教的迫害下，更掀起長達80年的獨立戰爭，爭取建國。

　　荷蘭的獨立戰爭從1566年，一直到1648年才結束，故稱為「八十年戰爭」。此戰爭的結束正式宣告尼德蘭的分裂，低地國的經濟與文化重心由原本的法蘭德斯（Flanders）和布拉班特（Brabant）地區，轉移到北方的荷蘭，在相對的宗教自由與優越的貿易地理位置下，從南方湧入大量的移民，荷蘭共和國的民族意識逐漸形成，「黃金時代」也從此開始。

王冠上的一顆珍珠──繁盛的「低地」貿易

　　1494年，大膽的查理之孫、瑪麗之子腓力繼承了低地國地區，在他統治的12年期間，尼德蘭國勢昌隆。腓力於1506年與西班牙公主結婚，因而也繼承西班牙的王位，稱腓力一世。他死後，由年僅6歲的兒子查理五世繼承，查理的領土遍及低地國、西班牙、義大利半島和西屬美洲，1542年查理五世又加冕為神聖羅馬皇帝。查理五世雖擁有廣大的領土，但他在低地國出生，對尼德蘭的情感很深。1549年，低地國地區整合附近的土地，命名為「十七聯省」。

　　十六世紀的尼德蘭地區經濟繁榮首屈一指，新航路被發現後，歐洲的貿易路線就由原義大利商人主宰的地中海轉移到大西洋──這也是日後荷、英興起的主因，因此尼德蘭地區被查理五世視為「王冠上的一顆珍珠」。1556年，查理一世退位，由兒子腓力二世繼位，他和其父查理大帝對低地國的態度有所不同。查理五世由於對尼德蘭的特殊情感，即使不樂見該地新

教徒日漸增加，但仍以妥協的方式來緩和宗教上引發的衝突。但腓力二世為了實現西班牙稱霸世界的野心，將尼德蘭徹底變成西班牙的殖民地，對尼德蘭地區課以重稅，並制定種種限制商業自由的法令。當時英國和日耳曼地區之間的商業競爭日益激烈，使得尼德蘭的經濟發展遭受空前的挫折。社會上由於新教的傳入，也引發一連串劇烈的變動。

重重壓迫下的反抗

尼德蘭革命，通稱為「荷蘭反叛（Dutch Revolt）」，或稱「八十年戰爭」。這場抗爭主因在於與西班牙之間的政治和宗教衝突。西班牙國王腓力二世懷著支配全歐洲的雄心壯志，多次捲入歐洲的戰爭，與法蘭西、土耳其和英國為了宗教或爭奪殖民地進行一連串的爭霸。

而為了支應國家龐大的開銷，西班牙自然首先對尼德蘭地區下手。尼德蘭的貿易與經濟在歐洲首屈一指，它的財富和稅收正是腓力二世所需要的。因此，為了加強對尼德蘭的統治，西班牙派任新的總督，取消尼德蘭十七聯省的傳統自治特權，並禁止中小貴族擔任下級官吏。在宗教政策上，西班牙是信奉舊教的天主教國家，腓力二世立法壓制新教徒，設立許多宗教裁判所，嚴苛審判西班牙人口中的「異教徒」──即喀爾文教派、路德教派和猶太教徒。

為了保護西班牙商人的利益，腓力二世不但限制尼德蘭商人進入西班牙港口，更禁止他們與西屬美洲殖民地進行直接貿易。這些措施使尼德蘭商人的利益遭受龐大損害，許多工廠倒

閉，成千上萬的工人失業，民族經濟面臨破產的威脅。不僅如此，腓力二世還增派西班牙駐軍，對尼德蘭進行軍事占領，軍隊在尼德蘭境內橫行無忌；在宗教方面，更對信奉新教的尼德蘭人大加迫害。在腓力二世的殘暴統治下，終於促使荷蘭爆發獨立戰爭——「八十年戰爭」。

獨立戰爭開火！

1566年4月，尼德蘭約有三百名上層貴族因不堪政治與宗教的迫害，向西班牙駐尼德蘭的總督瑪格麗特・帕瑪（腓力二世的異母妹妹）請願。但貴族們的請願行為，卻被西班牙王室譏為「乞丐」，尼德蘭的貴族們至此已有叛亂的準備。

而荷蘭的獨立戰爭——「八十年戰爭」爆發於4個月後的8月11日。當天，以製帽工人馬特為首的激進群眾掀起了「破壞聖像運動」。安特衛普（Antwerp）、瓦倫西昂（Valenciennes）都爆發了起義，大批手工工廠工人、農民和中產階級組織起名為「森林乞丐」和「海上乞丐」的游擊隊，神出鬼沒地襲擊西班牙軍隊。起義者搗毀聖像、十字架和祭器，沒收教會財產，焚燒教會的債券和地契，烽火直指西班牙的精神支柱——天主教會。起義者不僅破壞天主教堂和寺院，還打開監獄釋放被囚禁的新教徒，並迫市政當局停止迫害新教徒，限制天主教神職人員的活動。洶湧澎湃的群眾運動揭開了尼德蘭人民爭取獨立的「八十年戰爭」。

面對尼德蘭的混亂，腓力二世痛恨地誓言：「要砍下每個應該處死的人的腦袋！」他派總督阿爾法（F. Alva）設立「除

暴委員會」（史稱「血腥委員會」），大肆迫害起義者，短短時間內就處死一千多人。在鎮壓行動中，成千上萬的人遭到逮捕，路旁風車上都掛滿被害者的屍體，整個荷蘭均籠罩在白色恐怖之中。不到6年的時間裡，就有15萬荷蘭人死於戰爭之中。

最終的解放

　　嚴峻的環境讓原本各自為政的荷蘭省分不得不團結起來，貴族們推舉威廉‧奧倫治（Orange William，又稱「沉默者威廉」）為首來對抗西班牙。威廉是當時最富有的貴族之一，並擁有位在法蘭西的領地奧倫治侯國。「沉默者威廉」組成稱為「海上乞丐」的游擊隊，從1569年開始展開海上的游擊戰。1572年，由24艘船組成的其中一支海上游擊隊攻占了西蘭島（Zealand）上的布里葉城（Belier）。這一場勝利，不僅使海上游擊隊在尼德蘭的荷蘭和澤蘭有了堅強的據點，更重要的是鼓舞了人們的意志，掀起爭取民族獨立運動的高潮。

　　1572年7月中旬，共有12個城市的代表在荷蘭省的多烈克特城（Dordrecht）召開荷蘭省的議會，將奧倫治‧威廉推舉為荷蘭、澤蘭兩省的「最高統治者」，會議中決定信仰自由，並著手整頓立法行政機構。北方各省事實上已成為一個獨立的國家。10月21日威廉到北方就任。

　　1579年，來自荷蘭北方的七個省代表又簽署了協議，組成尤特列克特聯盟（Union of Utrecht）共同對抗西班牙。而南方諸省在1579年組成了阿拉斯聯盟（Union of Arras），宣布效忠西班牙國王。而「荷蘭叛亂」也導致原本的十七聯省發生分

裂。因不同的宗教信仰，分裂為北方以喀爾文教派為主的荷蘭
共和國——現在的荷蘭，以及歸屬在天主教會之下的南方哈布
斯堡尼德蘭——也就是現今的荷蘭南部和比利時。

　　此後，戰爭開始轉向有利於尤特列克特聯盟的方向。主要
原因有二：其一是荷蘭人的團結，其二是腓力二世在歐洲四面
樹敵，連年的戰爭耗損了西班牙的國力。

圖 4-10　荷蘭七省聯合共和國（1581）

　　1581年7月26日，來自荷蘭各起義城市的代表在海牙鄭重宣
布：廢除西班牙國王對荷蘭各省的統治權，成立聯省共和國，
脫離西班牙統治。因荷蘭省面積最大，經濟也最發達，所以也
稱為荷蘭共和國，並推選奧倫治‧威廉為領袖。然而威廉在

1584年被一位忠於西班牙王室的狂熱分子刺殺身亡，使他成為一名「殉國的烈士」，也就此成為荷蘭人景仰的民族英雄。

1588年，北方尼德蘭七省已成立荷蘭共和國，擺脫了西班牙的統治，但雙方的戰爭並未因此停止，一直延燒到十七世紀中。1618年，歐洲爆發以宗教衝突為主軸的「三十年戰爭」，這場由日耳曼地區宗教改革所引發的戰爭，使歐洲各國紛紛捲入，西班牙與荷蘭兩國自然也無法置身事外。直至1648年，「三十年戰爭」告一段落，各國共同簽署《西伐利亞條約》（Treaty of Westphalia），而在其附屬的《明斯特條約》（Treaty of Munster）裡，西班牙正式承認荷蘭共和國的獨立地位。至此荷蘭才算真正建國完成！

第五篇

大英帝國制霸之路

第一章 來自蘇格蘭的王——斯圖亞特王朝

　　1603年，70歲的伊麗莎白女王去世了，由她的表姪孫、來自蘇格蘭的國王詹姆士六世（1567～1625），即瑪麗·斯圖亞特之子成為王位繼承人，他在英國的王號是詹姆士一世（1603～1625）。因為詹姆士屬於斯圖亞特家族，所以英國的新王朝稱為斯圖亞特王朝（1603～1714）。詹姆士一世被稱為「基督教世界最聰明的愚人」，在位期間因王權的限制與撥款問題數度與議會發生衝突。之後他傳位給有神經質、口吃又害羞的兒子——對英國歷史產生深刻影響的國王查理一世（1625～1649），從他開始，英國進入了比較混亂的統治時期。

與議會爭奪王權

　　在詹姆士一世的時代，因外來的國王不了解英國尊重議會的傳統，與議會關係頗為緊張。詹姆士經常不經過議會同意，便下令加稅，造成工商業階級的利益損害，對國王產生不滿。繼位的查理一世和父親詹姆士一樣，都是信仰「君權神授」的國王，認為自己擁有至高無上的權力。

　　查理一世繼任後，由於與西班牙、法國間干戈不斷，導致財政吃緊，不得不把腦筋動到增稅上，以維持戰事的支出。然而，查理一世在這方面的權力是受到限制的，因為自《大憲章》簽署後，開徵新稅的權力已經從英國國王身上轉移至議會

了。因此查理一世的行為很快就遭到了國會的制止，國王與國會之間爆發了激烈的衝突。

最高權力的戰爭——清教徒革命

1628年，國會向查理一世提出《權利請願書》，迫於無奈之下，查理簽署了這份文件，但他卻在隔年下令解散國會，並私自向人民加課稅捐，如此的舉動，更加重了人民對他的反感。

由於查理一世不尊重國會，也不服從法律的行徑，使得國會和國王之間的裂痕愈來愈大。1640年由於宗教問題，引起蘇格蘭叛變。查理一世為募得軍費，不得不重新召開國會，但由清教徒所控制的國會卻向他提出《大諫章》，斥責他過去各種措施的不當，並將他的親信大臣數人逮捕處死。查理一世受到這種刺激，便親自領兵，前往國會逮捕五位領袖議員；國會也號召民兵相抗，於是在1642年爆發了內戰，這就是歷史上非常著名的「清教徒革命」。

這場爭奪國家最高權力的戰爭中，一位名叫克倫威爾（Olive Cromwell，1599～1658）的清教徒，成為「圓顱黨」（擁護國會的中產階級與清教徒）將領，與「騎士黨」（擁護國王的封建貴族們）對抗，徹底擊敗了查理一世。1649年查理一世被送上斷頭台，法庭裁定他的罪名是「英國人民的共同敵人，以及不折不扣的暴君、叛國者、殺人犯」，處死國王在英國是史無前例，不但空前，也是絕後的！

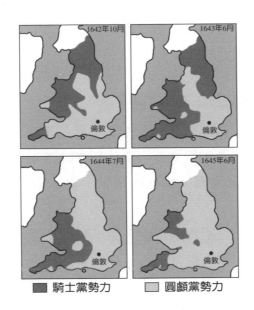

圖 5-1　清教徒革命時兩黨勢力

曇花一現的短暫共和

　　查理一世被處死後，開始了英國史上為期僅7年的短暫共和時期。國會推舉克倫威爾為「護國主」，自此，國家的大權掌握在克倫威爾手上。他在1649年至1652年間，成功地征服愛爾蘭和蘇格蘭，首次將整個不列顛群島加以統一。

　　在國內一連串的改革與進步之中，內部的制度漸趨完善，並為英國蓄積了巨大的能量，向世界宣告屬於英國人的海洋時代已然來臨！十六世紀時，英國艦隊已經打敗號稱不敗的西班牙無敵艦隊，而到了十七世紀，它面對的最大強敵則是正處於黃金時代、海上貿易獨霸全球的荷蘭，以及僅有一個海峽之隔的歐陸強權法國。然而，英國再次以新生的力量打敗了他們，

步上「日不落帝國」的海上霸權之路！

海上馬車夫，再見！

　　1651年，英國在「護國主」克倫威爾執政期間發布了《航海條例》，內容包括：英國殖民地的貨物僅能由英國或其殖民地所製造之船隻運送；英國殖民地某些特定產品，如菸草、糖、棉花、毛皮等，僅能運銷英國本土或英國之其他殖民地；其他國家的產品必須經過英國本土，才能運銷英國殖民地等等的規定，這無疑衝擊到荷蘭的海上貿易。在一連串的戰爭之後，英國不僅奪得了荷蘭在北美的殖民地，更重要的是，它取代了荷蘭成為海上貿易的新霸主。從此，荷蘭船隻逐漸退出馳騁了近一個世紀的茫茫大海。

　　英國人將「海上馬車夫」荷蘭趕下了海上霸主的位置，成為了世界頭號海上強國。克倫威爾這一系列的勝利為日後大英帝國在全球的霸權鋪設出一條更為平坦的路。但是，英國人期盼的民主新生活並沒有因此而來臨。很快地，克倫威爾開始實行軍事獨裁統治，共和國名存實亡。他感到議會沒有保留的意義，因而在1653年4月再次將議會解散，同年12月克倫威爾成為終身的「護國主」，建立起與君主專制相似的獨裁統治。

結束專制王權的「光榮革命」

　　克倫威爾的軍事專權統治逐漸讓英國人民心生不滿，1658年，59歲的克倫威爾病倒，他的兒子繼位後無法控制局勢，因此英國再度迎回曾被推翻的王朝。1660年逃亡在外的查理一世

之子查理二世（1660～1685）被國會迎回英國復辟。到了1685年，查理二世死後無子嗣，其弟詹姆士二世（1685～1688）繼承了王位。然而，這個差勁的國王一意孤行，積極推動恢復舊教和王權專制的工作，這樣的舉動威脅到了議會的權責及倫敦和許多其他城鎮的利益，使得人民對這樣一個專制的獨裁君主怨聲載道。而面對再度來臨的專制統治，英國人又會做出何種回應呢？

　　這一次，英國人避免了破壞性太強的暴力革命手段，採取一種和平理性的改革方式，結束這個專制王權。1688年，國會中的王黨（輝格黨）與民黨（托利黨）兩派議員決定聯合驅逐詹姆士二世。他們派人迎回詹姆士二世的女婿——信仰新教的荷蘭奧倫治親王威廉為英王，是為威廉三世（1650～1702）。詹姆士二世被迫逃亡，英國的專制王朝就此消逝，因為革命過程理性和平，沒有爆發任何流血衝突，所以稱為「光榮革命」。

君主立憲

　　由於威廉三世憑藉國會的擁戴而繼位，因此對國會的主張言聽計從。1689年，國會通過了《權利法案》，其中規定：國王未經國會同意，不得徵稅募兵；議員在國會中享有言論自由；國王不得否決國會通過的法律和法案。威廉三世只得簽字遵守。自此，英國確立了議會權力高於王權的政治原則，國家政體也逐漸往君主立憲制發展。君主立憲政體的確立，賦予英國人民一個重要的意義，即依個人意志統治國家的時代已經在

英格蘭完全終止了，迎接他們的，是一個更加民主開放的法治國家，國王也須依法治國！

由於威廉三世夫婦沒有子嗣，故兩人相繼去世後，王位便由瑪麗二世的妹妹安妮（1702～1714）繼承，但安妮女王的孩子不是流產就是夭折，在無子嗣的情況下，安妮女王過世後，斯圖亞特王朝便告結束。之後由來自德意志的漢諾威選帝侯喬治繼承王位，是為英王喬治一世（1714～1727），開創了英國歷史上最為鼎盛的「漢諾威王朝」，該王朝一直持續到1901年維多利亞女王去世。維多利亞女王的兒子愛德華七世即位後，以其父艾伯特（Albert，維多利亞女王的丈夫）在德國的封地撒克遜・科堡・哥達（Saxe-Coburg-Gotha）為王室名稱，但在位9年即駕崩。繼位的喬治五世（1910～1936），特於1917年，宣布英國王室改名為「溫莎」。溫莎堡是英國最古老的王宮之一，改名背景來自當時正值第一次世界大戰，英德對立，而漢諾威此家族名稱來自德國，為消弭人民的不安，通過議會決定此案。因此，自1917年迄今，英國的王室屬於「溫莎王朝」。

而英國對外的正式國名也屢有變更。1707年安妮女王的時代，英格蘭與蘇格蘭依正式法條的形式，共組「大不列顛王國」，至1801年，再次通過聯合法案，加入威爾斯，組成「大不列顛與愛爾蘭聯合王國」。此王國直到1922年《英愛條約》簽訂後，愛爾蘭自由邦成立而結束。所以目前的「英國」實為含英格蘭、蘇格蘭與威爾斯的「大不列顛王國」與北愛爾蘭組成的「聯合王國」（U.K. 即United Kingdom）之通稱。

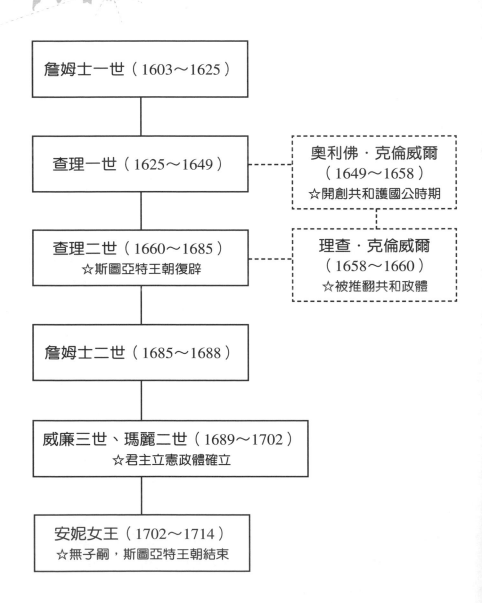

圖 5-2　英國斯圖亞特王朝國王一覽

第二章　大不列顛王國引領世界

　　自1603年蘇格蘭王詹姆士六世成為英格蘭王詹姆士一世以來，蘇格蘭與英格蘭就有共同的君主。但直到1707年，才根據《1707年聯合法案》，由蘇格蘭王國與英格蘭王國共組為「大不列顛王國」，新的單一政府與單一議會設立在倫敦的西敏寺。1714年，漢諾威王朝開啟，英國在連續的海外征戰過程中，已建立起一支歐洲最強大，也是當時世界上最強大的海軍，在這支海軍的護航下，它的商業觸角已經伸向全世界。但是，在英國崛起的道路上還是有一大障礙，因為它不得不面對歐洲的陸上霸主——法國。

英法爭霸——七年戰爭（1756～1763）

　　1689年5月，威廉三世以英國國王的身分，在國會支持下對法國宣戰。這場戰爭除了1697年到1701年間短暫中斷外，一直打到1713年，英國藉此從法國手中奪取新斯科細亞半島，又迫使法國承認紐芬蘭及哈德孫灣為英國所有。法國和英國在明爭暗鬥的25年間，兩國之間的矛盾也主導了歐洲各國間的主要衝突。

　　到了十八世紀，歐洲充斥著帝國主義思潮，各國紛紛尋找志同道合的盟友以擴展勢力，因此各小集團間的爭端不斷。1756年，英法因爭奪北美俄亥俄流域墾殖權，陷入戰爭之中；而印度的英、法兩軍亦形成對抗的局勢；在歐陸，英國在奧地

利王位繼承戰爭（源於普奧之間對西利西亞領地的爭奪）中支持普魯士對法國作戰，使得英、法與其盟國形成了混戰，戰爭耗時7年，一直打到1763年才結束，此即著名的「七年戰爭」。最終，英軍取得了戰爭的勝利，並迫使法國簽訂了《巴黎和約》。

《巴黎和約》的簽定，使法國的勢力完全從印度撤出，僅在沿海保有幾個據點，其他全歸英國所有。而歐洲的梅諾卡（Minorca）、西非的塞內加爾（Senegalese）及加勒比海（Caribbean Sea）上許多的島嶼也被英國取得。當然戰爭中爭奪的重點之一——廣大的北美土地，英國也在戰後大有展獲，法國依據和約的規定被迫將其在北美的領地加拿大（Canadian）及密士失必河（Mississippi river）以東多數的土地割讓予英國，可謂損失慘重。法國喪失了大部分的海外殖民地，昔日歐陸霸權的光輝已不再，取而代之的是英吉利海峽彼岸升起的太陽。

北美殖民的獨立宣言

1763年，七年戰爭的結束將英國推上了海上霸權的地位，但戰爭浩大的開支，卻造成國債負擔沉重。英國政府認為其北美殖民地也享受了戰爭勝利的果實，理應分擔部分債務，於是對北美殖民地的統治措施由寬容轉為嚴厲，不但嚴格執行《航海條例》，加強緝私，更開徵印花稅及茶葉稅，引起十三州人民對英國政府的不滿及抗議，最後在多次的衝突與對立下，北美十三州於1776年7月4日通過《獨立宣言》，宣布成立美利堅

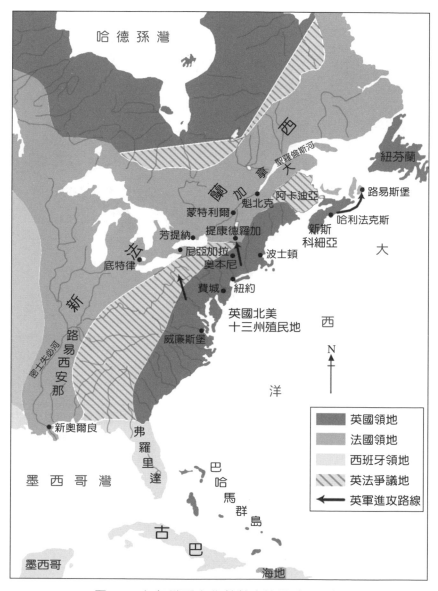

圖 5-3 七年戰爭中北美勢力範圍（1758）

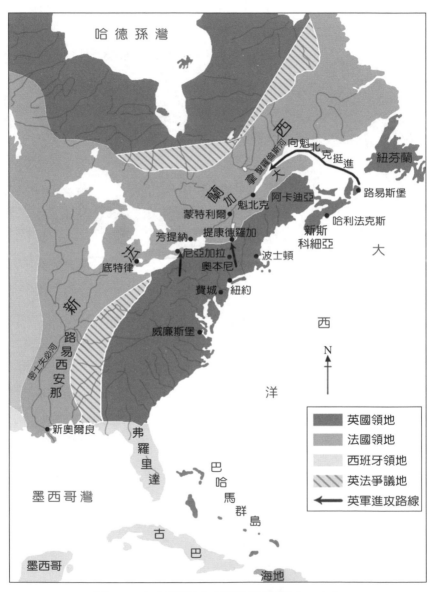

哈德孫灣

西

大

加拿大

聖羅倫斯河

向魁北克挺進

紐芬蘭

路易斯堡

魁北克

阿卡迪亞

哈利法克斯

蒙特利爾

新斯科細亞

大

提康德羅加

芳提納

波士頓

尼亞加拉

奧本尼

底特律

新

費城

紐約

威廉斯堡

西

洋

密士失必河

路易西安那

N

新奧爾良

弗羅里達

巴哈馬群島

墨西哥灣

古巴

墨西哥

海地

	英國領地
	法國領地
	西班牙領地
	英法爭議地
←	英軍進攻路線

圖 5-4　七年戰爭中北美勢力範圍（1759）

198

合眾國，而北美殖民地對英國的作戰自此也轉變為獨立戰爭。
1783年，英、美兩國在巴黎簽訂和約，英國正式承認美國的獨
立，北美十三州自此脫離英國的控制，自行開創一片新天地。

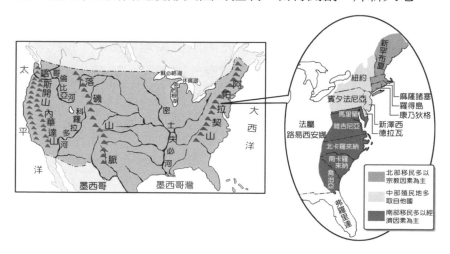

圖 5-5　北美十三州殖民地（1732）

迎向工業革命的英國

　　英國為了擴大海外貿易，貴族或民間商人紛紛籌組貿易公
司，積極向海外探險、搶占殖民地。另一方面，光榮革命後的
英國由於建立起一套高效率的議會政治體制，使得國內的政治
穩定運轉，也因此進一步帶動了工商業及對外貿易的發展。在
這當中，工業革命的起步使英國擁有了強大的經濟後盾，有效
支持其對外的軍事行動，以及海外殖民勢力的擴展。一個統治
區域廣及全球的日不落帝國在這個時期逐步形成了，英國打敗
西班牙、荷蘭、法國等強權，成為當時世界上最強大的海上國
家。

擴展海外殖民和海外市場的成果日漸成熟，各種商品的需求量大增。原本以手工生產為基礎的生產方式，無法應付暴增的商品需求，使得整個市場的商品量頓時變得捉襟見肘起來。為了能通過這個考驗，也為了不讓得來不易的財富飛走，幾乎整個英國都動員了起來。而首先因應市場迫切需求，推出各項新發明的，便是與民生有密切關聯的紡織業。紡織工匠們運用他們的技巧與智慧，發明出許多加快生產速度的新機種，應付所面臨的各種考驗，而這也是將英國進一步推向「工業革命」的前奏。

現代工廠的基石

初期的紡織業生產單位都很小，一般以戶為單位。隨著1733年飛梭、1765年珍妮紡紗機等發明相繼出現，促進了動力織布機的發明，生產規模逐漸一戶一戶地擴展開來，為使更多人能夠一起進行工作以增加效率，於是出現了最早的工廠模式，為日後工廠的蓬勃發展奠定基礎。由於在生產過程中，機器被擴大使用，使生產效率獲得突破性的進展，並促成了現代工廠的誕生。不過十八世紀初的工廠，由於機器運轉的動能受限於自然界的風力與水力（甚至有些機器仍靠人力推動），所以廠址大多位於河流附近，而這也嚴重地限制了生產線的發展。因此，如果當時哪個國家最早發明出適合工業化需求的動力機器，這個國家就一定能在工業競賽中脫穎而出，處於領先地位。就在這個時候，一位名叫瓦特（James Watt，1736～1819）的英國人改良了蒸汽機，從而徹底改變英國工業的命運。

啟動工業革命——蒸汽機

　　瓦特家族原本是做煙草生意，然而1773年春，其合夥人由於時運不濟面臨破產窘況，連帶也使瓦特經營的生意為之倒閉，瓦特一家陷入了經濟危機，不但失去賴以為生的收入，還必須為了償債而變賣家產。不久，瓦特的妻子去世了，留下六個兒女。接踵而來的眾多打擊，使得瓦特的生活陷入谷底。朋友推薦他到俄國去工作，然而，此時的英國由於早就具備了網羅世界優秀人才及頂尖技術的各種機制，而留住這位未來開啟工業革命大門的關鍵人物。在這諸多機制中，其中一項重要的措施，就是專利保護。

　　專利權雖早在十六世紀便已產生，但直至十八世紀以後申請的案件才逐漸增多，且受到重視。申請專利的目的即保護一項發明，使發明者擁有此項新發明的相關權利。當時英國的專利權給予發明者15年左右的保護期，在此期間，發明者的智慧財產受到保護，所有人皆不得仿冒。除了專利的保護外，英國政府更積極鼓勵發明與創新，並為此曾頒給騾機與水力織布機發明者一筆可觀的獎金，甚至授予水力紡紗機「發明者爵士」的榮譽頭銜，以茲獎勵。晚年的瓦特生活相當富庶，而其財富的主要來源就是廣泛轉讓改良式蒸汽機發明專利所獲得的權利金。

　　由於無法抗拒財富和榮譽巨大的魅力，當時的英國人對於新發明及新技術的追求瘋狂著迷，其中新興的「中產階級」，也就是以企業家和工廠與公司的管理階層為主的一群人，表現得最為熱衷，因為創新的技術與發明能為他們帶來更大的利

益。也就是這群人中的一員馬修‧博爾頓（Matthew Bolton，1728～1809）在1773年留住了要前往俄國的瓦特，也留住了讓英國在工業革命中領頭的蒸汽機。

博爾頓的工廠主要是生產小型五金器械，因此廠址位於英國當時小五金生產中心的伯明罕。由於博爾頓看準了英國工業興起後動力需求的廣大市場，於是決定轉型生產蒸汽機和動力加工機械，同時他也了解瓦特在機械發明與改良上的專長。正因為具備了這種遠見，博爾頓才極力挽留住當時打算離開英國到俄國的瓦特。經過瓦特改良後，一台全新的聯動式蒸汽機於1782年問世，它帶動著世界工業的齒輪迅速地向前運轉。而這台機器也被貼上了標籤，成為工業革命的起源，瓦特因此成為「工業革命之父」。

不斷加速的齒輪

瓦特在蒸汽機上的改良為英國工業帶來革命性的進展，1785年的英國便出現了第一家採用蒸汽動力的棉紡廠，至十九世紀三〇年代後，蒸汽動力的使用已逐漸取代了水力，成為棉紡織業主要的動力來源。棉紡織這個工業革命的先趨行業率先完成了機械動力的革新後，促使其他工業陸續跟進，不論是冶金或是採礦等行業都在蒸汽機的引領下，獲得了突破性的發展。

在蒸汽機帶動下的工業革命，不但使英國於短短數十年內建立了一套完整的現代化工業體系，堅實地讓英國向日不落帝國的榮耀挺進，更使得大國間的相對力量產生消長及變動。因

為這套巨大工業體系的形成，改變了以往大國間相互競爭的模式，促使工業及居於研發首要地位的科技成為決定國力及奪得世界霸權的關鍵所在。不過當時的英國似乎對這點並沒有充分的體認，由於過分仰賴對龐大殖民市場的貿易壟斷，而忽視了助其崛起的功臣——工業、科技與教育的持續研發，造成日後其強國地位逐漸被德國、美國及日本趕上的事實。

　　在英國工業革命之後，決定各大國興衰的，不再是海外的殖民和掠奪，而是取決於各國本身發展工業和科技的速度。由於工業革命，成就了今日我們所看到的這個世界，也將英國推向世界強國之林，其工業實力甚至主宰了世界上許多地區。而工業革命的力量更引領英國，乃至於全世界朝現代化邁進，步入現代世界這個目前我們所熟悉的領域。

圖 5-6　工業革命後新式工廠

第三章　日不落帝國的崛起

　　法國原為英國的頭號大敵，即使1763年結束的七年戰爭中，英國取得最後勝利。但1789年，法國大革命爆發後，法軍在對外戰爭中節節勝利，甚至越過萊茵河控制了奧屬尼德蘭（荷蘭）地區，使英國在低地國的利益受到直接的威脅。因此，英國在1792年正式參加歐陸國家反法同盟的軍事行動，向法國爭回它應有的、甚至更多的權力。到了1815年，英國公爵威靈頓（Wellington）在滑鐵盧（Waterloo）戰役中擊敗拿破崙（Napoleon），終結了拿破崙在歐陸的霸權，也顯示英國工業化後市場經濟與軍事實力的大獲全勝。貿易自由化於是全面地開展。

　　1820年的英國與1760年的英國已大不相同。短短的半世紀左右，英國人口由六百五十萬增加到一千兩百萬，使得英國社會產生劇烈的變化——工業化、都市化、民主化及市場化，而這些都是工業革命所帶來的成果。工業革命為英國帶來了空前的繁榮與強大的力量，使他們擁有戰勝任何一場戰爭的實力。當與法國的戰爭結束後，英國已經成為當時世界上無人可出其右的工業大國。

瘋狂的稱霸因子

　　造成大英帝國稱霸世界的力量有兩個來源：一是商人賺取財富的欲望，另一個則是英國人向國外移民的欲望。不論是到

北美麻薩諸塞去創建天堂，或是到西印度群島去追求財富，向國外移居似乎是英國人的一種習性。共和時代的克倫威爾，以及復辟的君主查理二世早就認為海外殖民有利可圖，他們被重商主義所激勵，於是在十七世紀就通過《貿易條例》及《航海條例》來壯大帝國的貿易。

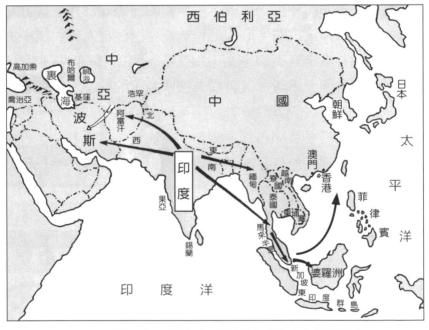

圖 5-7　英國在亞洲的殖民擴張（以印度為根據地）

到了1900年，不列顛帝國已經擁有全世界四分之一的人口及土地。帝國之內形形色色的人、事、地、物變化萬千，各地的地形、氣候、動植物、文化及民族不盡相同。英國國旗飄揚在北極的凍原、奈及利亞的叢林、南非陽光照耀的大草原及喜馬拉雅山吹著狂風的山隘。造就如此帝國的是英國人驕傲、殘

酷與不可一世的個性，而這在對北京圓明園的劫掠與燒燬或是對印度人、布耳人的血腥鎮壓上表露無遺。維多利亞晚期的英國人通常驕傲並與外人疏遠。他們的活動永遠不超出自己可以掌控的範圍：例如夏天時便會到山區自己的避暑豪宅，那兒有網球場、賽馬場及俱樂部等。

英國眾多的海外殖民地中，最重要的要屬印度了。印度在英國的帝國意識上占有中心的地位，它是一個擁有神祕吸引力的殖民地中心點。對英國來說，印度是一個重要的財富來源，其自給自足的強大軍隊，又可作為帝國擴張的武器。為保護這個「帝國王冠上最珍貴的寶石」，英國入侵東非及埃及；為了擴張印度的貿易，英國占領了緬甸、新加坡、馬來西亞、香港及部分的婆羅洲，並且打開了中國的門戶。正如曾經擔任印度總督的寇松（G. N. Curzon，1898～1905駐印總督）所言：「只要我們統治印度，我們就是世界上最強大的國家；但一旦丟掉了印度，我們的地位將一落千丈，只能降格為一個三流國家了。」

自由貿易政策

反法戰爭結束後，英國利用本身首屈一指的工業優勢，開始積極推動自由貿易政策。進入十九世紀後，自由貿易成為一項廣為流行的經濟政策，英國逐漸放棄了對殖民地的貿易壟斷，走上貿易自由化的道路。英國率先採用取消貿易限制的方法來擴展海外市場，為了使他國也取消對英國產品的限制，英國主動先取消別國產品輸入英國的限制。自由貿易被當時的

英國視為理所當然的經貿政策,而更加廣大的世界市場遂成為「英國製造」發揮強大商業競爭力的舞台。

新伯倫瑞克
英屬新斯科細亞
英屬哈利法克斯
聖約翰
已於1776年獨立
聖安德魯斯
亞丁
香港
新加坡
好望角

圖 5-8　大英帝國及其殖民地（1811）

　　從1815年到十九世紀中葉,英國的商船與戰艦出沒在全球的各個角落。他們獲取領地、開設口岸、掠奪原料、傾銷產品。到了十九世紀四〇、五〇年代,對中國發動的鴉片戰爭與兩次英法聯軍之役徹底打開了中國的市場;1858年,英國又與法國、荷蘭一起強迫日本簽訂一系列不平等條約;1836年和1857年,英國與伊朗簽約;1838年和1861年,英國與土耳其簽約,這些條約內容雖然不盡相同,但都有一個共同的核心內容,就是英國要求得到貿易、投資等方面的特權。

　　為了確保帝國安全及貿易的通暢,英國在這一時期還占領了一些軍事要塞與貿易據點,如1819年占領了新加坡,1839年占領了亞丁港,1841年又占領了香港。這樣從好望角到印度洋,再到太平洋,英國建立起一條極為通暢的海外貿易通道。

如果說，歷史上龐大輝煌的羅馬帝國是一個以地中海為中心的區域帝國，那麼，英國人建立起的「日不落帝國」，則是一個真正的世界帝國。這一時期的英國殖民地遍及全球，其開拓疆域之大，統治人口之多，絕非人類歷史上任何一個帝國所能比擬的。

龐大的「日不落帝國」是英國成為世界最強大國的標誌。而帝國本身與英國海上霸權和工業實力相互結合，又共同將英國推上了一個世界霸主的寶座，占據霸權地位一直延續到二十世紀。1808年，英屬新斯科細亞（Nova Scotia）和新伯倫瑞克（New Brunswick）總督宣布：允許英國或美國船隻將商品直接運至印度。這實際上違背了已實施一百多年之《航海條例》，然而這個宣布卻得到了英國政府的許可。1811年，英國進一步表示，允許除法國以外任何國家的船隻進入英屬哈利法克斯（Halifax）、聖安德魯斯（Saint Andrews）、聖約翰（St. John）等港口。從1793年起，英屬東印度公司的貿易壟斷權逐漸受到侵蝕。到了1813年，英國政府徹底廢除了東印度公司對印度的貿易壟斷權，「自由貿易」原則在大英帝國的殖民地重心──印度次大陸也初步確立起來。

印度寶庫中的鴉片與利益

英國之所以如此看重印度這個地區，與印度地大物博、人口眾多有很大的關聯。作為英國殖民活動前鋒部隊的東印度公司曾透過各種方式從這個肥沃的地區獲取龐大的利益，除了藉由發動戰爭占領土地，進而掠奪國庫及各城市外，對各地區要

求貢賦、徵收田賦、壓榨當地手工業者及農民，也是英國從印度獲取巨額財富的管道。此外壟斷貿易也是獲利的重要手段之一，其中尤以鴉片貿易的壟斷占首要的地位。由於印度是當時世界上最大的鴉片產地，東印度公司在征服印度後，便以貸款的方式強迫印度農民種植鴉片，並強制農民僅能依規定的價格售予英國東印度公司（當然，通常是低價），藉此全盤掌握鴉片的專賣權。鴉片在印度擴大生產後，便積極銷往中國，換取大量的白銀，據統計，光鴉片貿易一項就約占東印度公司總收入的七分之一，獲利相當可觀。而這項貿易活動甚至引發了中英之間的鴉片戰爭，影響不可謂不大。

由於東印度公司的瘋狂掠奪與壓榨，使印度人民遭受了無窮的災難，僅1770年孟加拉發生的大饑荒，就餓死了一千萬人，占孟加拉當時人口的三分之一。而所有對英國殖民者的不滿在印度人民的心中不斷地累積，最後終於在1857年，因英國殖民當局為了強制印度傭兵使用塗有牛油或豬油的子彈，嚴重侵犯了印度教及伊斯蘭教印度傭兵的宗教情感，而爆發了大規模的傭兵起義事件，雖然起義最後被英國殖民當局給鎮壓下來，但東印度公司在印度殖民的統治也接近終結了。1858年，英國當局宣布結束東印度公司在印度的統治，將印度交由英國女王接管。

1877年，英國議會又通過一項法案，宣布英國維多利亞女王同時兼任「印度女皇」，各土邦王公成為女王的臣民。從此，印度成為英國女王王冠上的一顆閃亮的寶石，給英國人帶來了無比的財富和榮耀。但對於印度本身而言，英國這樣的做

法實際上是換湯不換藥，印度人民在英國政府的直接統治下，經濟上依舊受到壓榨、盤剝，在政治上無權的地位依然沒有任何改變，這最終促使了印度民族意識的覺醒以及民族主義政黨的出現。

脫離王冠的印度寶石

1885年，印度第一個民族主義政黨——印度國大黨成立，它同時也為印度的獨立運動奠定了基礎。一次大戰後，由於英國不履行於一次大戰中答應讓印度獨立自治的承諾而引發了一連串印人反英運動，被殺或被捕的印人頗多。國大黨的領袖甘地認為，缺乏武力的印人以暴力來反對英國的統治是一種徒遭犧牲的舉動，遂發起非暴力的「不合作運動」加以反制。甘地「不合作運動」具體內容包括：辭去英人授予的公職和爵位；不向英人主持的法院起訴，印人糾紛由印人自己解決；不應徵入伍，不繳納稅款；不接受英國教育，將孩子轉入印人自辦的學校就讀；抵制英貨，不穿英式服裝，自行紡紗織布；不買英國公債，不在英國銀行存款等等。

甘地提倡的不合作運動促使英國殖民政府收入銳減，甚至連工廠和銀行也相繼倒閉，失去印度這個廣大市場的英國，經濟上遭受嚴重的打擊，最終只好讓步。1947年，印度半島上建立起兩個獨立的主權國，分別是以印度教為主的印度和以伊斯蘭教（回教）為主的巴基斯坦（巴基斯坦又分為西巴基斯坦與東巴基斯坦，1972年東巴基斯坦宣布獨立，成立孟加拉人民共和國），這個印度人民期待已久的獨立終於來臨，英國在印度

統治勢力正式宣告結束。

維多利亞女王的殖民盛世

　　1837年，18歲的維多利亞
女王加冕繼位，成為世界上最
強大國家的年輕女王。她在位
時間長達63年，史稱「維多利
亞時代」，是第一個同時擁有
英國女王及印度女王頭銜的君
主。登基後不久，年輕的女王
就向世界展現出她卓越的政治

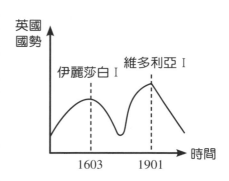

圖 5-9　英國國勢的變化

才華。維多利亞對於女王這個角色的扮演拿捏得恰到好處，她
尊重既定的政治模式，沒有擴張王權或修憲的舉動，也不因為
自己是未掌決策實權的虛位君主而忽視國會表露的尊重，她很
清楚身為一國之君的義務及權力之所在。在她頒布的詔書中，
明確地告知內閣官員必須與英王相互尊重，否則將遭到被撤職
的處置。

　　維多利亞女王時期是英國對外殖民擴張最為瘋狂的時期。
為了擴張領土，英國政府不惜使用一切強奪、武力攻占、陰
謀、收買等手段。而且，這些手段都有立竿見影的效果。除了
印度這個富庶的地區於維多利亞時代正式納入英國政府的管轄
範圍外，此時霸氣十足的「日不落帝國」還於非洲各地、澳
洲、紐西蘭、大洋洲上的多處島嶼，以及亞洲的緬甸、馬來西
亞、新加坡、香港、阿曼、阿拉伯聯合大公國、不丹等地建立

殖民據點，其中在非洲的殖民地爭奪尤為激烈。

除了對非洲等殖民地的經略外，處於大英帝國全盛時期的維多利亞女王在與俄國羅曼諾夫（Romanoff）王朝的幾次國際事務較量中也有相當出色的表現。尤其是在1877年至1878年俄土戰爭後，俄國在戰爭中所獲得的實質利益，因維多利亞的居中操控幾乎全數喪失。俄土戰爭後由於俄、土雙方簽訂協定，部分巴爾幹半島（Balkan Peninsula）的土地歸屬於俄國，而半島上多數脫離土耳其統治的民族雖獲得獨立，卻將依協定泰半成為俄國的附庸。由於維多利亞女王不願俄國勢力因此深入地中海地區，遂利用外交及武力等手段對俄國施壓，迫其退讓，最終英國成為這場外交戰中的最大贏家。

英國盛世的潛藏疲態

1815年的維也納會議上，英國向荷蘭人購買好望角地區。由於對英國統治不滿，當地的布耳人（荷蘭、法國、德國早期移民及其後裔所組成的民族）陸續離開海角殖民地，向東北移動。1936年，布耳人在北方內陸建立了萊登堡共和國、溫堡共和國，後來又合併為南非共和國。另一部分的布耳人在其東南和西南方先後建立了納塔利亞共和國和奧蘭治自由邦共和國。

1899年爆發的「布耳戰爭」（Boer War）可以略見英國露出疲態之端倪。當時英國為了併吞由布耳人所建立的兩個自由邦，持續打了3年的戰爭，動用四十四萬七千人的軍隊，才打敗六萬的布耳人。這四十多萬的軍隊中有兩萬兩千人因傷病陣亡，戰爭耗資兩億英鎊。而聲譽的損失更為慘重，它不僅讓世

界最強大的國家遭到一個由農場主組成的小型共和國侮辱，而為求勝利，英國人採用的手段也毫無道德優越感可言。為了擊敗布耳人組成的游擊隊，英軍採取焦土政策來壓制當地居民，將十一萬七千個平民限制在環境惡劣的「集中營」，其中大約有一萬八千至兩萬八千人因此而死亡。

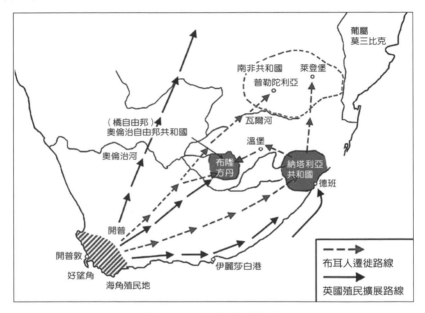

圖 5-10　布耳人遷徙圖

　　事實上，大英帝國的崛起相當仰賴其龐大的海外殖民地，這些殖民地為英國的發展提供了豐富的資源以及可觀的市場，但英國對於殖民地日積月累的統治和壓榨，無形中耗費了大量的國力，這些本來充滿經濟利益的殖民地遂逐漸成為英國沉重的負擔，並為其日後的衰落埋下了伏筆。除此之外，由於自殖民地獲取財富和資源太過輕而易舉，也促使英國人的創造力逐

步下滑乃至消磨殆盡，嚴重阻礙了大英帝國的開創力及活力。

　　在工業時代裡，大國之間的競爭遊戲規則已改變，殖民地的占領和掠奪不再是稱霸的絕對條件，工業和科技才是致勝的關鍵。英國在教育上落後於美國和德國，嚴重影響英國之後在第二次工業革命中的命運。畢竟，人才是競爭力的核心！然而英國對於這個轉變卻發現得太遲，十九世紀的最後30年中，英國逐漸喪失工業霸主的地位。德、美等國都逐漸利用後發優勢，迎頭追趕英國。當二十世紀到來，英國已不再是「世界工廠」，其工業產值已落後美國、德國，退居第三。1901年維多利亞女王的去世彷彿昭告著國家最強盛的時代結束，偉大的日不落帝國也只能望著自己日漸西斜的落日餘暉感嘆不已！

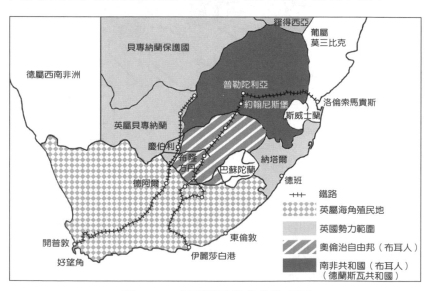

圖 5-11　布耳戰爭前南非勢力圖

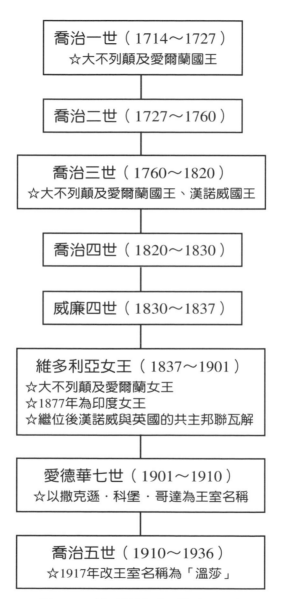

喬治一世（1714～1727）
☆大不列顛及愛爾蘭國王

喬治二世（1727～1760）

喬治三世（1760～1820）
☆大不列顛及愛爾蘭國王、漢諾威國王

喬治四世（1820～1830）

威廉四世（1830～1837）

維多利亞女王（1837～1901）
☆大不列顛及愛爾蘭女王
☆1877年為印度女王
☆繼位後漢諾威與英國的共主邦聯瓦解

愛德華七世（1901～1910）
☆以撒克遜‧科堡‧哥達為王室名稱

喬治五世（1910～1936）
☆1917年改王室名稱為「溫莎」

圖 5-12　英國漢諾威王朝國王一覽

第六篇
二十世紀後的新英國

第一章　離開帝國光輝後的溫莎王朝

「溫莎王朝」的建立──喬治五世

　　維多利亞女王於1901年過世，結束了漢諾威王朝，也結束了大英帝國最輝煌的日子。繼任的是維多利亞的次子，為愛德華七世，開啟了薩克森・科堡・哥達王朝。到了1910年，愛德華七世的次子，喬治登基，為喬治五世。從喬治五世開始，開啟了新的溫莎王朝。

　　喬治五世於1865年生於倫敦。身為愛德華七世的次子，他只是皇位候選人第三位，在他上面，還有阿爾伯特王子。阿爾伯特才是真正的皇太子。愛德華七世認為「軍隊是男孩最好的訓練場地」，所以在1877年，阿爾伯特與喬治共同入海軍，在「不列顛」戰艦上接受海軍訓練。從1879～1882年間，兩兄弟隨戰艦遊覽了世界各地，包括英國殖民地加勒比海地區、南非、澳洲，也尋訪了美國與日本。

　　到了喬治18歲的時候，阿爾伯特離開海軍，到劍橋大學深造，開始準備接王位。而喬治對學術沒有興趣，所以繼續在海軍服役，1889年，喬治已經成為魚雷艦長，但一場大病，迫使喬治從海軍退役。其後，喬治愛上了德國符騰堡王國的瑪莉郡主，但阿爾伯特卻跟瑪莉訂了婚，兩兄弟因此決裂。但就在阿爾伯特宣布訂婚沒多久，就因肺炎去世。

　　阿爾伯特死後，喬治成為王位接班第一人。於是他也進入劍橋大學深造，並接任「約克公爵」。阿爾伯特的死，讓瑪莉

郡主順理成章的嫁給喬治，並成為日後的瑪莉皇后。1910年，愛德華七世去世，喬治接位，成為喬治五世。

繼位後的喬治五世，面對的是非常詭譎多變的國際情勢。列強們在殖民地問題上爭鋒相對，到處發生摩擦，德意志帝國的威廉二世又不斷地興風作浪，尤其他的海軍擴建計畫，讓英國如芒刺在背；而在國內，上下議院的衝突愈來愈大，甚至引爆憲政危機。喬治五世透過進一步削弱自己王權，強化了下議院的權力，化解這次憲政危機。這也是進入20世紀以來，英國最重要的憲法修正案。

另外，愛爾蘭問題日趨尖銳，讓喬治五世寢食難安。愛爾蘭獨立運動不斷發生動亂，喬治為避免英國陷入內戰，協調英國、愛爾蘭與北愛爾蘭的代表進行協商，但成效不大。當俄羅斯爆發共產革命之後，讓喬治五世更驚覺君主立憲的脆弱，更讓他很小心地處理愛爾蘭問題。喬治建議國會用溫和的態度處理愛爾蘭問題，才終於稍減了衝突。

但真正的挑戰還在後頭！1914年一起偶發事件終於挑起一次世界大戰，英國與德奧同盟宣戰。英國對德國宣戰讓德皇威廉二世非常意外，因為喬治五世是他的表弟，怎麼樣都不會真的翻臉吧？但威廉二世錯了，喬治五世不止一次地宣示英國立場，而且大戰一開打，喬治五世是全力支持英國打到底。喬治積極地視察戰爭的一切，也親自到法國巡視部隊，結果從馬背上摔下受傷，喬治甚至還將自己的兩個王子送到軍中。

但大戰的展開，英軍完全沒有占到優勢，反而是節節敗退，這讓英國的反德情緒高漲。英國的德國商品被抵制，有德

國血統的官員被罷免，關於德國的一切都讓英國人反感至極，但最尷尬的是，連英國國王都有德國血統！

英國從18世紀初開始，王室就有德國血統，所以之後歷代的英王與德國皇室的關係都很密切，連喬治五世的皇后，瑪莉都是前德國郡主。有德國血統讓喬治非常尷尬，而他現在的姓氏與王朝名「哥達」就是源自德國。為化解這個尷尬以及保住自己的王位，喬治五世向英國人民表示會跟德國戰到底，並且他決定與「哥達」這個姓切割，以溫莎堡的純英國姓「溫莎」作為自己的新姓氏，此舉贏得英國人民的歡迎，於是開啟了「溫莎王朝」。大戰期間，喬治非常用心地處理戰事，頻繁地視察受傷戰士，停止一切皇室的宴會。所以當1918年大戰結束時，歐陸主要的皇室如德國的霍亨索倫王室、奧地利的哈布斯堡王室、俄羅斯的羅曼諾夫王室與鄂圖曼蘇丹王朝紛紛倒台，唯有英國的溫莎王朝依然獲得人民的推崇。

戰後英國國勢一落千丈，1929年更遇上世界性的經濟大蕭條，這期間更是喬治五世最難過的日子，他臥病在床長達半年。英國任何一個政黨面對大蕭條都束手無策，喬治五世率先帶頭，自動減少薪水，號召王室與全國共體時艱。工黨首相麥克唐納（James Ramsay MacDonald）無法處理大蕭條，打算向喬治五世辭職，但喬治五世斷然拒絕，希望麥克唐納不要輕言放棄。英王親自出面協調英國各大黨成立聯合政府，這一舉動反而打破英國「國王不得主導國家權力」的傳統。但在這危急時刻，大家都很慶幸有喬治五世居中協調。

喬治五世在大戰期間到大蕭條，都以身作則與民共苦，這

樣的行動贏得全國人民的敬重。1936年，喬治五世去世，有100萬的英國人民前往弔唁，可見喬治五世的深得民心。

只愛美人不要江山──愛德華八世

　　喬治五世去世後，他的長子愛德華繼任皇位，為愛德華八世。愛德華當王子時曾參軍，並自願到前線戰鬥，但不被英國政府所允許，愛德華只能在後方從軍。即使如此，愛德華仍積極地視訪前線，並見識到壕溝戰的可怕。

　　愛德華天性崇尚自由，不喜歡宮廷的繁文縟節，所以1936年即王位後，馬上有了驚人之舉。愛德華愛上一位美國寡婦辛普森夫人，愛德華希望迎娶辛普森為王后。當愛德華跟首相鮑德溫（Stanley Baldwin）提起此事時，鮑德溫憤怒地與愛德華起爭執。辛普森夫人已離了兩次婚，這與英國國教派不准離婚的教義背離，而且王后會跟國王成為英國教會領袖，這讓教會不能接受。同樣的內閣與人民也不會接受。

　　雖然愛德華提出辛普森不會有皇后頭銜，他們的子嗣也不會繼承王位，但內閣一樣不同意。國王的婚事鬧到其他的自治領也要表態，澳洲、加拿大與南非都反對。但愛德華心意堅決，如果不讓他娶辛普森女士，他就要退位！首相鮑德溫完全不能接受。1936年底，英國內閣為愛德華八世制定退位詔書，當不到一年的愛德華八世宣布退位，降級成「溫莎公爵」，並與他心愛的辛普森夫人結婚。首相鮑德溫為這件事身心俱疲，最後辭去首相之位。不過鮑德溫可能不是最受衝擊的人，最驚訝的反而是愛德華的弟弟阿爾伯特。

王者之聲——喬治六世

　　阿爾伯特親王當時是約克公爵，一戰時也曾經服役於皇家空軍跟海軍。阿爾伯特個性內斂害羞，又有嚴重的口吃問題，要正常講完一篇文章都有困難。沒想到愛德華八世非常不負責任地辭去英王職務，阿爾伯特突然被告知要繼位為王，可說讓阿爾伯特措手不及。阿爾伯特口吃問題嚴重，國人皆知，但當上國王則是要常常發表演說，一個話都講不好的人成為英國國王，這會讓英國的形象受到多大的影響？阿爾伯特為此承受相當大的壓力。

　　阿爾伯特口吃的問題連父親喬治五世都很頭痛，於是阿爾伯特的妻子伊麗莎白便去找專家來幫忙治療阿爾伯特的口吃問題，伊麗莎白找到了來自澳洲的羅格先生。羅格在1924年全家搬到倫敦，1926年在倫敦開設了「語言障礙矯正」診所。羅格不是專業的醫生，他是透過「自學」成為語言矯正師。一戰之後，參加過戰爭的澳洲士兵受到炮彈的摧殘，連話都講不清楚，羅格便參與了協助這些退伍士兵恢復正常說話的工作。羅格極富幽默感又有超乎常人的耐心與憐憫心，他成功的協助不少退伍軍人恢復正常說話。這些經歷都讓羅格在語言治療上有相當多的歷練。

　　阿爾伯特親王聘請羅格當他專屬的語言治療師，羅格診療後發現阿爾伯特的喉頭與橫膈膜的協調性很差，於是制訂了每天一小時的喉頭發音練習法。羅格幽默又有耐性的教學，減輕了阿爾伯特的壓力，這也讓兩人成為好友。之後的演講中，阿爾伯特親王成功克服口吃的問題，讓世人刮目相看。

　　1936年阿爾伯特即位，成為喬治六世，此時希特勒已經上台，全世界法西斯運動到達頂峰，連英國都有法西斯組織。希特勒的蠻橫，英法兩國居然都採取姑息主義，任由希特勒胡作非為。希特勒相繼併吞奧地利與捷克，英國更是幫兇。首相張伯倫（Arthur Neville Chamberlain）以為跟希特特簽署《慕尼黑協定》就可以換到和平，可是這反而加強了希特勒的氣焰，1939年9月1日，德國入侵波蘭！張伯倫警告德國三天內撤出波蘭，不然英國就會宣戰。9月3日，德國無動於衷，英法正式對德宣戰，二次大戰爆發。

　　所有英國人對二戰的爆發都惶惶不安，包括喬治六世與羅格。戰事既開，喬治六世不能置身事外，他必須要用各種演講來鼓舞人心，但口吃的問題讓他非常憂慮。所幸每次演講都有羅格在他身邊輔助，喬治六世在整場戰爭期間發表了一篇篇振奮人心的演講，激勵英國人一同度過難關。為了感謝羅格的協助，1944年，喬治六世授予羅格維多利亞勳章。兩人的情誼一直維持到喬治六世過世。這段逸事，後來拍成一部電影——《王者之聲》。

　　戰爭期間，喬治六世還練習手槍，準備在納粹入侵英國時奮戰到底。戰後，喬治六世的健康日趨惡化，國王的差事壓力太大，喬治六世只有天天吸菸紓壓，卻因此罹患肺癌。1952年，喬治六世在睡夢中過世，年僅56歲。

在位最長久的君王——伊麗莎白二世

　　喬治六世死時，第一王女伊麗莎白正與丈夫菲利普親王在

非洲訪問，一聽到噩耗，兩人趕緊飛回英國處理後事，並準備登基。

伊麗莎白公主1926年生於倫敦，原本與王位無關的她，突然因為大伯愛德華八世退位，父親阿爾伯特繼位，成為了王位繼承第一人。伊麗莎白公主很不能諒解大伯自私的行徑，居然莫名地拋下責任給父親，導致父親壓力過大一直吸菸，最終英年早逝，讓伊麗莎白痛失心愛的父親。大戰期間，伊麗莎白曾與妹妹瑪格麗特逃到蘇格蘭避難，有人甚至建議應該要逃到加拿大，但遭到伊麗莎白公主拒絕。1945年戰爭末期，伊麗莎白公主主動參加國內婦女團體從軍去，成為一名專業的汽車維修員。1947年，21歲的伊麗莎白與有希臘親王血統的菲利普結婚，生了四個子女。由於菲利普姓蒙巴頓，所以當兩人結婚後，英國王室正式進入「蒙巴頓·溫莎」王朝。

伊麗莎白登基後成為伊麗莎白二世，是繼打倒西班牙無敵艦隊奠定英國霸權的都鐸王朝伊麗莎白一世後，第二位以伊麗莎白為名的英國國王。兩位伊麗莎白女王都成就非凡，一位生在亂世，在戰爭中帶領英國脫穎而出；一位生在和平年代，但她的風華至今令人羨慕。伊麗莎白二世是出訪最多次的女王，已經超過300多次。她的登基，讓英國輿論炒作「新伊麗莎白時代來臨」，認為在「伊麗莎白」之名下，英國會再起。這當然是個錯覺，因為二戰之後的英國國力持續衰退，美國跟蘇聯成為真正的第一強權，英國已經淪為二等強權。殖民地的獨立運動風起雲湧，英國早就無法阻止。伊麗莎白二世所能做的，只有外交手段，與前殖民地國家保持良好關係。

　　伊麗莎白女王從1952年繼位至今，已經超過65年了，超越她的高祖母維多利亞女王，成為英國史上在位最久的君王。伊麗莎白二世盡忠職守，又平易近人，所以至今在英國仍有高人氣。伊麗莎白在道德和宗教上的態度多為保守，原因是看到大伯愛德華八世的不負責任，所以她非常恪守己職，甚至反對皇室的一些醜聞發生，例如：她阻止其妹瑪格麗特嫁給一個離過婚的男子；查爾斯王子與情人卡蜜拉結婚也讓女王很不快。

　　但女王發生過最大的危機居然還是家務事。查爾斯王子與黛安娜結婚，黛安娜的形象一直都很好，受世人歡迎。充滿魅力的黛安娜王子妃卻常是狗仔隊跟蹤的對象，這也讓王妃困擾不已。查爾斯與黛安娜生了兩個兒子——威廉與哈利王子，但兩人的婚姻並不順利，查爾斯與舊情人卡蜜拉的關係死灰復燃，這成為黛安娜與查爾斯離婚的原因。因為婚外情，查爾斯與黛安娜終於離婚，這個童話故事般的婚姻突然以離婚收場，讓世人震驚，英國王室也顏面無光。查爾斯與卡蜜拉打得火熱，黛安娜當然也與別的男人展開新戀情；不變的是，黛安娜的戀情一直都是狗仔爭相報導的新聞。1997年，黛安娜與埃及男友在巴黎為躲避狗仔的跟蹤出車禍身亡，震驚世界！伊麗莎白二世的反應也成為女王即位以來最大的危機。

　　在黛安娜的喪禮上，居然沒有任何英國王室的弔唁，伊麗莎白二世因而被世人批評冷血無情。據說伊麗莎白二世並不喜歡黛安娜選擇離婚，但迫於群眾壓力，英國王室成員還是在黛安娜的靈柩經過白金漢宮時敬禮致敬。伊麗莎白二世也罕見地在電視上發表對黛安娜的悼念，據說這是英國首相布萊爾遊說

的成果。

　　至今英國王室成員的花邊新聞總是新聞媒體的寵兒，但唯獨伊麗莎白女王一直都是克守本分，這也讓黛安娜事件造成的形象受損獲得了緩和。

　　不管如何，至今伊麗莎白二世仍挺立在王座上，而下一屆的英國國王又是誰？是第一繼承人查爾斯王子？還是黛安娜所生的威廉王子、哈利王子？近來威廉王子的王妃凱特繼黛安娜王妃後成為王室的媒體新寵兒，也有人將她與黛安娜王妃做比較，凱特王妃也生了一男一女，英國王位的繼承人愈來愈多了。不過這其中的變化，都必須是伊麗莎白二世下台後才知道。但她會下台嗎？英國最久國王的傳奇仍是現在進行式。

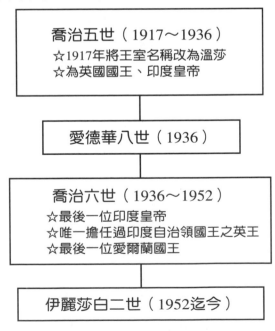

圖 6-1　英國溫莎王朝國王一覽

226

第二章　當代英國政局

「帝國」夢碎

　　十九世紀是英國最輝煌的年代！英國在十九世紀是一路擴張，最終成為大英帝國，女王維多利亞更成為歐洲最有權勢的女王，被稱為「歐洲的祖母」。但到1901年，維多利亞女王去世，大英帝國的地位也開始被挑戰。

　　進入二十世紀後，大英帝國看似國土遼闊，但潛藏挑戰已經浮上檯面。新成立的德國與從英國獨立出去的美國已經在工業生產上超越英國，英國失去世界工廠的地位，這也象徵帝國走向末路。

　　帝國經濟下降，英國只有放棄自由貿易，開始了關稅保護政策。英國長期以來都獨立於歐陸之外，一方面不受歐陸政治限制，又可以趁機操作歐陸政治，為自己牟利。這就是所謂的「光榮孤立」。但隨著德國挑戰升高，英國再也不能孤芳自賞，必須與他國合作才行。所以英法俄的協約國組織出現。

　　1914年奧地利皇太子被刺殺的偶發事件，爆發了第一次世界大戰。這場大戰居然敲響了帝國的喪鐘。大戰一開，英國就是主要參戰國，投入無數的兵源上戰場，殖民地的戰士也紛紛加入戰局。雖然最後英國方的協約國戰勝，但巨大的損傷重創了英國國力，各地殖民地要求獨立、自治的呼聲更高了。所有參加戰爭的自治領都有功於大戰，英政府無法漠視他們的功勞，只有給更多的自治權，而愛爾蘭戰時跟戰後又發動獨立運

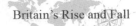

動，讓英國疲於奔命。大戰的結果加速了大英帝國的崩解。

　　大戰結束後，大英帝國接收了德國的殖民地，此時正是大英帝國國土最大的時候。但加拿大、紐西蘭、澳大利亞、南非等自治領的自治權擴大，幾乎就是獨立國家，這逼使大英帝國轉型成「大英聯邦」，而愛爾蘭也於戰後獨立。大英帝國最大的時候，卻也是縮小的時候。

一次大戰前的英國

　　維多利亞女王去世後，保守黨的貝爾福（Arthur Balfour）接任首相。他只當了三年的首相，三年任內，在教育法案的成就比較突出。之後又設定了《土地購得法》，優惠了不少農民，其中愛爾蘭人獲利甚多。

　　而在貿易部分，英國向來是自由貿易，但看到美國跟德國分別設立關稅後，工業輸出與生產力大幅超越英國，讓張伯倫看了非常著急，便以在野人士的身分向英國政府提倡關稅政策。於是英政府對帝國內部的自治領與殖民地採優惠關稅加強經貿關係，另一方面對外國政府採取保護關稅對抗。這樣的保護主義政策，讓部分的工商業人士贊成，但航運業、紡織業和勞工卻極力反對，認為這是另一種的剝削。結果這個議題導致保守黨政府的分裂，反而讓在野的自由黨聲勢大增。而自由黨與勞工黨結成聯盟，在1906年的大選當中獲勝，開啟了英國自由黨時代。

　　1906年首次組閣的自由黨首相為巴納曼（Campbell Bannerman），自由黨深獲不少愛爾蘭人擁戴，自由黨也希望

透過立法保障勞工來爭取勞工選票。巴納曼充滿幹勁，有非常多改革的理想。而在他死後，新任的自由黨首相阿斯奎斯（Herbert Henry Asquith）延續理念制定了很多社會法案，造福了社會大眾。其中制定了《工人賠償法》，讓全國一千三百萬的勞工可以獲得職災賠償，還制定礦工八小時法案。對於照顧年長者制定了養老金法案，保障七十歲以上老人的福利，確保他們的晚年生活。除了優惠勞工的政策，自由黨政府又制定很很多關於社福、醫療、兒童的保障法案。這些法案提升了兒童的權利，給予非常多兒童的遊戲設施，又強化醫療品質，增加國民的平均壽命。也加強了社會的文化運動。種種的措施，對一戰前的英國有相當正面的影響。

但在1910年到1914年一戰爆發前，英國社會卻陷於很大的動盪之中。一是礦工與資本家衝突不斷；二是女權運動高漲，爭取女性投票權是當中重要的議題；再來就是最為嚴重的愛爾蘭問題。1912年，英政府制定《愛爾蘭自治法》，讓愛爾蘭得到自治權。愛爾蘭農民的生活也獲得改善，但這卻造成北愛與南愛的衝突。北愛多是信仰新教的工商人士，南愛多是信仰天主教農民。在宗教與生活習慣不同的衝突下，北愛人是不願受制於南愛的自治法，反而蓄意採取軍事行動，這讓愛爾蘭的緊張形勢升高。幸虧不久後一戰爆發，愛爾蘭仍決定在英國的領導下抵禦德國，才化解了愛爾蘭內部的衝突。

無法避開的一戰戰火

二十世紀初最重要的事件莫過於第一次世界大戰。英國更

是一次大戰中的要角。從十九世紀以來歐洲全世界擴張的殖民主義，加深了歐洲列強之間的矛盾。原本的矛盾可能只限於西班牙、英國和法國。隨著十九世紀初，西班牙淡出帝國主義舞台，要角剩下英法兩國。沒想到十九世紀末，歐洲竄起了更屬害的角色，就是德國！

1871年，德國擺脫法國等外來勢力，完成統一，新生的德意志帝國成為歐陸一等一的霸權。新生的德國朝氣蓬勃，對外的殖民野心也愈來愈旺盛，這引起英國極大的關切。十九世紀末到二十世紀初，歐洲列強的帝國主義擴張衝突不斷，所有的外交、經濟利益愈來愈對立，德國的挑戰也愈來愈大。英國本來就已經占有龐大的殖民地，所以大可只專心在殖民地之間的貿易，享受「光榮的孤立」，不理會歐陸局勢。但事與願違，德國的動作日趨擴大，德國喊出了3B政策（從Berlin到Byzantine到Baghdad），大有席捲全球的野心，英國再也不能置身事外。

在東亞，俄羅斯對中國東北的野心顯著，英國與日本結成同盟。直到日俄戰爭俄國戰敗，英國與俄羅斯的關係冰融。此時德國與奧匈帝國干涉巴爾幹半島局勢，大喊泛日耳曼主義，與俄羅斯的大斯拉夫主義爭鋒相對，德奧又強化軍隊，氣勢逼人。英國與法國、俄羅斯最終結成協約國，共抗德奧義的同盟國。歐洲終於分成兩大對立陣營，歐洲上空戰雲密布。

1914年6月，奧匈帝國皇儲斐迪南在巡視奧匈帝國領地塞拉耶佛時，遭到塞爾維亞民族主義青年刺殺，馬上燃起了一戰的烽火。奧匈當局認定是塞爾維亞派刺客暗殺皇儲，但塞國極力

否認。奧國限塞國期限內交出主謀，但塞國非主謀，如何能交出主謀？奧國明顯是借題發揮，利用太子被殺來發動戰爭以強占奧國。結果塞國交不出主嫌，奧國馬上對塞宣戰。

　　隨著奧國的宣戰，奧國的同盟國盟友德國馬上動了起來。自稱是斯拉夫兄弟的俄羅斯也為塞爾維亞挺身宣戰。身為俄羅斯盟友的英國、法國當然也只能跟著宣戰。空前慘烈的一次大戰爆發。

　　一開始，德國以雷霆萬鈞的氣勢橫掃東、西線戰場，東線戰場的俄軍非常快速的被德軍擊敗。西線戰線延伸到法國境內，英法聯軍在北法死命的抵擋德軍，使得戰線陷入僵局，雙方均進退不得。就這樣僵持了3年，直到1917年德國把美國也拉下水。美國的參戰，為協約國注入強心針，終於讓德國財政匱乏，在1918年11月，德國投降，一次世界大戰結束。

　　一次世界大戰是第一個現代化戰爭，非常多現代化武器投入戰場，例如飛機、毒氣。但也造成空前的死傷。一戰共造成一千萬人命的傷亡，這些人命損失對參戰國來說都是致命的打擊，英國也是如此。

表6-1　一次大戰（1914～1918）簡表

參與國家	同盟國	奧匈帝國 德意志帝國 奧斯曼帝國 保加利亞
	協約國	大英帝國 法國 大日本帝國 葡萄牙 俄羅斯帝國（1917年退出） 義大利王國（1915年加入） 美國（1917年加入）
戰爭結果		協約國勝利
影　　響		成立國際聯盟

戰間期的英國

　　一戰剛開始之初，英國全國放下各自的爭執，紛紛響應參軍，連殖民地（如印度）都積極參戰。但在此時，愛爾蘭的獨立運動突然爆發，愛爾蘭的新芬黨起兵暴動，讓英國政府非常頭痛，好不容易才敉平。一戰造成大量的人力損失，英國也面臨食物短缺的問題，而德國的無限制潛艇攻擊，重創英國商船，讓英國經濟更加破敗。英國投入戰爭所受的損失難以估計，只有跟美國借款以度日，但巨大的債務也是英國沉重的負擔。戰後，除了人力喪失，巨大的財富流失也重創英國國力，倫敦的世界金融霸主的地位很快被美國紐約取代，戰後的英國

面臨嚴重的通貨膨脹，百姓民不聊生。

　　大戰使大英帝國元氣大傷，戰爭重創國力也導致各地的殖民地掀起風雲湧的獨立浪潮，英國再也難以把持。連英語區的自治領，如加拿大、澳洲、紐西蘭都漸漸脫離英國，擁有自己的外交主權。印度發動「不合作運動」，要求獨立。英國用武力鎮壓，但始終壓不住印度獨立的熱情，這一直延續到二戰之後。戰後，愛爾蘭的獨立運動再度掀起波瀾，1919年愛爾蘭共和軍成立，到處執行恐怖行動，暗殺、破壞樣樣來。英國政府非常頭痛。此時的英國首相已經換成自由黨的勞合喬治（David Lloyd George）。勞合喬治政府決定將北愛與南愛分開，北愛六郡繼續由英國統領，南愛地區則成立愛爾蘭自由國。直到1937年，愛爾蘭制定憲法，成立愛爾蘭共和國，正式從英國獨立。

　　戰時到戰後，勞合喬治是主要的領導人。戰後的巴黎和會，勞合喬治順從法國的報復政策，對德國採取苛刻的賠償條款。如此短視、自私的行徑，使德國埋下報仇的因子，開啟了下次大戰的序幕。而南愛的獨立以及支持土耳其差點與希臘爆發戰爭的事件，都讓勞合喬治政府備受打擊。最終勞合喬治辭職，終結了自由黨的執政，保守黨的博納勞（Andrew Bonar Law）上台組閣。但博納勞只做了七個月就下台，鮑德溫接任保守黨首相。鮑德溫執政期間不得人心，工黨領袖麥可唐納趁勢而起，成為左派工黨第一個英國首相。

　　工黨原與自由黨合作共抗保守黨。但工黨在1924年承認蘇聯政府，喪失民心，同年十月選舉失敗，工黨下台。保守黨的鮑德溫二次復出。這次鮑德溫政府居然延續了五年，期間政局

相對穩定，鮑德溫大力提升社福，也協調勞資糾紛，但仍在1926年爆發大罷工，而鮑德溫在邱吉爾的建議下強硬回應，導致罷工瓦解。雖然壓制罷工，但鮑德溫積極提升勞工薪資水準與待遇，又照顧失業勞工，更在1928年讓21歲以上的女性獲得投票權。這些都是非常重要的內政措施。1927年與蘇聯斷交，但也積極與德國改善關係。不過1929年的大選，工黨再次獲勝，鮑德溫下台，麥可唐納再次成為英國首相。

但很倒楣的是，工黨一上台就遇上由美國引發的世界性「經濟大蕭條」，英國工廠關閉，貿易大減，失業大增。麥可唐納因此減少失業補貼預算，造成民眾反彈。1931年麥可唐納請辭。麥可唐納脫離工黨自組政黨，但在自由黨與保守黨的支持下，麥可唐納仍為首相。麥可唐納在1932年與大英帝國各領地召開經濟會談，制定關稅互惠政策，才算讓英國經濟好轉。1935年麥可唐納離職，保守黨的鮑德溫第三度組閣。此時的鮑德溫面對的問題，是納粹德國的崛起，英國只有再次為戰爭做準備。

1930年代的英國，面對經濟大蕭條的影響，全國的失業人口高達300萬人，英國政府與慈善團體介入，獎勵工商業者，並提供技職教育，到了1930年代的下半，英國的經濟狀況和失業問題已經好轉。此時的英國，醫療水準再次進步，人口增加到四千多萬，英格蘭南部又更加都市化。教育方面，以中等教育比較發達，能上大學的比例甚低，所以大學生是社會寵兒。社會風氣方面日漸開放，有些青年開始放浪形骸，被認為是自大的一群。女權也在獲得投票權後更加高漲。各種娛樂如賽馬、

球賽也蓬勃發展。

戰火即將席捲英國，更席捲全世界！

　　一戰之後，英法等戰勝國沒有妥善處理德國問題，反而加強了德國的報復心態，終於讓希特勒崛起，而英法一味的姑息態度，終於爆發二戰。一次又一次大戰，雖然英國贏得勝利，但戰爭為兩面刃，同時也造成英國國力重摔，最終大英帝國也隨之瓦解。

　　鮑德溫三次組閣期間，英國王室出了一個大事，就是英王愛德華八世居然要辭王位！愛德華八世為了一個美國寡婦辛普森女士決定退位，讓這鮑德溫氣得與國王起爭執，最終鮑德溫沒轍，只有修法讓愛德華退位，其弟約克公爵即位為喬治六世。鮑德溫也為此事離職。但這時的國際情勢愈見緊張，法西斯勢力開始橫掃全球。

　　1933年，希特勒成為德國總理，建立納粹德國。1935年，義大利的墨索里尼入侵衣索匹亞，鮑德溫政府與法國都沒有行動。1936年，希特勒支持西班牙法西斯佛朗哥繼續西班牙內戰，西班牙打得昏天暗地，最後佛朗哥得權，鮑德溫還是沒有行動。

　　1937年鮑德溫離職，繼任的張伯倫延續鮑德溫的姑息政策。張伯倫任由希特勒併吞奧地利與捷克，還自以為地認為只要簽字讓希特勒占領捷克，就能換得和平。張伯倫與希特勒簽署了《慕尼黑協定》，回國後對著英國人民揮舞，認為拿到和平了。誰知《慕尼黑協定》根本是廢紙一張。1939年9月1日，

希特勒揮軍入侵波蘭,英國人才大夢初醒,完全被希特勒騙了!

這時張伯倫政府斷然改變政策,與法國一同向希特勒宣戰。英法的宣戰雖然讓希特勒大感吃驚,但事實上張伯倫只是表面宣戰,英法聯軍一直屯兵在德法邊界按兵不動,姑息的態度依舊。直到1940年,德軍採取行動,猛攻法國,英法聯軍才發現大事不妙,狼狽地從敦克爾克撤退,而法國在六個星期之後亡國。此後剩英國孤軍奮戰。

邱吉爾取代張伯倫接任首相,獨力面對德國地毯式的轟炸,但英國撐住了。面對久攻不下的英國,希特勒很沒面子,改揮軍東進攻打蘇聯,從此陷入蘇聯戰場,難以抽身。

1941年,德國的盟友日本對美國開戰,美國正式被拉入戰場。本來積極遊說美國總統羅斯福參戰的邱吉爾非常高興,這下羅斯福再也不能置身事外。

但奇怪的是,明明是日本先攻擊美國,為何美國沒有積極參予亞洲戰場?就是因為邱吉爾影響羅斯福的「先歐後亞」的政策,於是羅斯福積極參與歐洲戰場。1942年,英美聯軍在北非擊敗德軍;1943年,盟軍迫使義大利投降;1944年,英美法加等同盟國軍強登諾曼第,與蘇聯東西夾攻納粹德國。1945年5月,德國終於投降,歐戰結束。

表6-2 二次大戰（1939～1945）簡表

參與國家 （主要統帥）	同盟國	英國——邱吉爾 蘇聯——史達林 美國——羅斯福 法國——戴高樂 中國——蔣介石
	協約國	德國——希特勒 日本——昭和天皇 義大利——墨索里尼
戰爭結果		同盟國勝利
影　　響		歐洲霸權結束而走向合作模式

二戰後大勢已去的英國

　　二戰的傷害遠遠超過一戰，五百多萬棟房子遭破壞，人民流離失所。船隻大量被毀，外貿受挫，糧食短缺，人民挨餓。英國的財政無法振作，只有跟美國貸款37億美元救援。直到1948年美國推出「馬歇爾計畫」才真正讓英國勉強過難關。但這也讓英國對美國的依賴愈來愈深，雖然英國內政仍可維持一個「福利國家」，但在對外關係，英國再也沒有能力可以支配海外殖民地，大英帝國已經西山日薄。

　　雖然邱吉爾帶領英國打贏二戰，但在1945年的選舉，邱吉爾的保守黨敗了，工黨的艾德禮（Clement Attlee）成為新任首相。艾德禮任內，強化了產業國有化的政策，非常多的產業由政府收購，但仍舊保障產業工人的就業權利。被政府接手的產業五花八門，有巴士業、地下鐵、銀行、礦業公司、電力公

司、鋼鐵業，還有航空公司。

　　此外，工黨政府也加強社會福利政策，例如免費醫療服務、失業給付、退休給付等等。這些社會福利政策用意良善，但政府財政不佳，所以能做的都有限。1951年，不老戰士邱吉爾再次回歸英國首相，而他大體延續保守黨的國有化政策。此時經濟狀況尚可，社福政策深得人心，保守黨的統治也還算穩定。

　　但英國在外的殖民地紛紛獨立，讓英國可說是顏面盡失。在麥米倫（Harold Macmillan）首相執政期間，歐洲共同體成立，英國積極想加入，不然英國很有可能被孤立。但在談判上一直沒有突破，法國不准英國加入。1970年代，保守黨的希斯（Edward Heath）終於讓英國加入歐洲共同體，順利取得歐陸市場，英國財政問題才稍稍緩減。但財政赤字依舊巨大，英國政府還是無力解決。

　　一直致力爭取獨立的印度，終於在二戰後的1946年獨立。女王皇冠上的珍珠永遠沒了。二戰後，世界反殖民主義的第二波民族自決運動再起，1950年代就開始打得火熱。印尼要脫離荷蘭，越南反法獨立戰爭已爆發，就是第一次越戰。奠邊府之役重創法軍，法國離開越南，越南獨立。1960年代是最高峰期，新加坡、馬來西亞、非洲、西亞等英殖民地都相繼獨立，英國被打回原形，只剩下英倫三地與零星的海外小島。大英帝國至此徹底滅亡。

蘇伊士運河事件加速帝國崩解

　　1956年的「蘇伊士運河事件」發生後，使大英帝國加速地崩塌。由於埃及尋求蘇聯的軍備協助，引起美國和英國的不悅，它們撤除了對建設亞斯文高壩的援助，因此埃及的納瑟（Gamal Abdel Nasser）總統宣布把英國和法國掌控的蘇伊士運河公司收歸埃及政府所有。英國首相艾登（R. A. Eden）決定對此採取軍事干涉，而法國與以色列本來就關係密切，因此英、法、以聯軍入侵埃及，為期一個星期的「蘇伊士戰爭」於焉展開。在戰爭中，大量損傷和沉沒的船隻影響了運河的航運，導致運河被關閉，直至1957年4月在聯合國援助下才清理完畢，恢復通行。

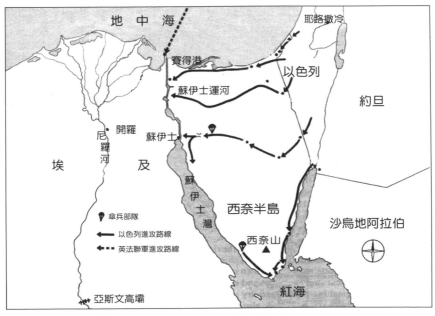

圖 6-2　蘇伊士運河戰爭圖（1956）

　　英、法、以三國的軍事行動遭到國際社會的普遍譴責，身為三國盟友的美國也對於這次祕密行動感到不滿，他們將三國的侵略看作是帝國主義的復活，美國總統艾森豪（D. D. Eisenhower）也致電英國首相艾登，加以施壓。在強大的國際輿論壓力之下英法兩國被迫接受停戰決議，以色列最後也同意撤出西奈半島。蘇伊士運河危機不僅導致英國艾登政府被迫於1957年1月總辭，也顯示出大英帝國的正式崩潰，英國在戰後希望能繼續保持世界強國的夢想徹底破碎。英國政府開始意識到，自己唯有依靠美國才能夠在全世界發揮影響力或保護自己的利益。

　　1947年時，英國仍然統治了近全球四分之一的人口。21年後的1968年，首相威爾遜（Harold Wilson，1916～1995）由海外調回最後一支帝國的軍隊，至此除了香港、直布羅陀以及幾個島嶼駐有象徵性的兵力外，日不落的大英帝國已經不存在了。在1948年大戰剛結束時，邱吉爾還說：英國在世界上特有的地位，是基於它所扮演的三種角色：第一，它是大英國協的首領；第二，它是歐洲第一大強國；第三，它又是美國特殊的夥伴。但到了20年後，英國已被美國和蘇聯強大的海陸軍和洲際飛彈所包圍，稱不上是一個世界一流的強國了。

　　大英帝國雖亡，但英國為維持與昔日殖民地的關係，帝國轉為大英國協，成為一個鬆散的國際組織。

帝國的轉型——大英國協

　　一次大戰後，大英帝國以盎格魯・撒克遜英國移民為主的

自治領：加拿大、澳大利亞、紐西蘭等地區獲得了更大的自治權，最後轉變成獨立國家，只是他們的元首仍是英國王室。

1931年，大英帝國做了一部分的轉型，變成加拿大、紐西蘭與澳大利亞加盟，他們與英國的關係不再是宗主國與殖民地的關係，開始變成「國與國」的平等關係，這就是帝國轉型成「大英國協」的開始。

二戰結束後，英國的勢力進一步衰退，各地殖民地爭取獨立，大英帝國在1960年代的獨立狂潮中崩解。為了維持與前殖民地的關係，英國與自治領的組織就歡迎前殖民地國家自由加入，於是大多數的前英國殖民地都加入了大英國協。會員國最高時有54個，現在仍有前殖民地國家陸續申請要加入大英國協。大英國協不同於大英帝國的部分，就是成員國之間是平等關係，不再是殖民地時期的附屬關係。大英國協的成員來自不同的文化、開發程度、種族、宗教，但卻可以彼此寬容，平等對待。當然之所以能如此，是因為大英國協是個鬆散的國際組織，不像歐盟具有強制力，需要將國家主權的一部分交出來（例如發行貨幣的權力，成立歐元）。

大英國協的會員國之間會有很多互動機制，例如大英國協運動會；也成立了「大英國協技術合作基金會」，提供很多援助行動。援助的項目包羅萬象，有經濟、教育、技術、科學、金融、兒童等等。大英國協也會在重大的國際會議開始前開會，讓成員國知道大國的思維與會議的走向等等。大英國協儼然成為一個「小型聯合國」。

大英國協加強了英語的流通性。多數國協成員國官方語言

為英語，這讓英語世界化提供很大的幫助。英國的民主政治也成為成員國建國的參考依據，很多會員國直接使用英國的上下議會制度，這些做法都縮減了成員國建立民主國家時的進程。

大英國協也成為一個溝通的平台。富裕國家與貧窮國家的分歧都會很嚴重，國協裡面則是有先進國家與落後國家，反而形成雙方溝通的平台，降低彼此的歧見。

從以上功能來看，大英國協對建立一個地球村、全球化具有一定的貢獻。但它終究只是帝國崩解後，英國衰退的迴光返照。英國失去大量殖民地後幾乎成為二等強權，美國、蘇聯變成當時的第一強權，大英國協的互助模式，也無法讓英國重返榮耀，英國只有放棄「光榮孤立」，加入歐盟以自保。雖然，英國始終對加入歐盟心不甘情不願。

首位女性首相──柴契爾夫人

1979年，英國出現了第一位女性首相，就是保守黨的柴契爾夫人（Margaret Thatcher）。柴契爾夫人面對的英國，是經濟委靡不振。這樣的狀況被認為是二戰之後艾德禮的福利國家政策導致巨大的財政缺口。政府的開銷日益擴大，入不敷出，為了彌補巨大的財政赤字，政府只能擴大印鈔，結果造成通貨膨脹。而人民過度依賴政府加重財政負擔，更喪失了競爭力，在當時被認為是「英國病」。這個「英國病」不管是保守黨政府或工黨政府都救不好。新上任的柴契爾夫人採取了斷然的措施。

柴契爾夫人一上台就減少政府開支，並放鬆國家對經濟的

干預，要求人民自立自強。然後讓國有化企業私有化。柴契爾夫人鐵腕地砍掉很多社福預算，讓社會上不滿的人與日俱增。連她的母校牛津大學都因為被砍經費而取消她的學籍。面對排山倒海的批評，柴契爾沒有妥協，繼續奉行她的「新自由主義」。就當時的狀況，柴契爾夫人的政策對治療「英國病」的確是一帖猛藥，但很有效。1980年代，英國經濟谷底翻身，國際地位也跟著升高。如此成就連工黨的反對派都折服。

柴契爾成功振興英國經濟，但她也面對外來的挑戰。1982年，阿根廷突然對英屬的福克蘭群島進攻，並占領群島。倫敦當局不敢置信，還以為是謠言。事後跟福克蘭當局通話才知道，這是真的！柴契爾夫人面對巨大挑戰，她除了出兵以外沒有選擇。柴契爾夫人斷然出兵去奪回福克蘭群島。

英、阿戰爭一開始，阿根廷居然讓英軍難堪，擊沉了好幾艘英國船艦。這讓英國人擔心這會是一場持久戰。但最終戰力的懸殊還是在開戰後兩個月，英軍擊敗阿根廷，奪回了福克蘭群島。這一刻無疑是柴契爾與英國最光榮的時刻，柴契爾夫人因此再次連任首相。

雖然戰勝阿根廷，但面對中共，柴契爾夫人可是重重一摔。中共領導人鄧小平一直要求要收回香港。柴契爾夫人一樣學著邱吉爾耍賴，但鄧小平威脅有可能出兵香港，這讓柴契爾夫人冒出一身冷汗。面對蘇聯不假辭色，鐵腕作風讓柴契爾獲得「鐵娘子」稱號，但面對蘇聯的小老弟中共要求香港時，柴契爾夫人卻已力不從心。其實就連英阿戰爭若不是美國支援，英國未必能打贏，這在在突顯出英國的國力衰退，連阿根廷這

樣的小國也敢來挑戰，更不要說龐大如中共了。1984年，柴契爾與鄧小平的聯合聲明確定了香港1997年回歸中共。柴契爾在步出禮堂時還重重摔了一跤，這經典的一幕被解釋成大英帝國的落幕。

　　柴契爾夫人雖然取得福克蘭戰爭的勝利，又復甦了英國經濟，取得無上的成就。但她的改革好壞參半，解除國家的限制雖然提振英國的活力，但卻也造成大量的失業人口，尤其是蘇格蘭的礦場被關閉，大量的蘇格蘭礦工失業，使蘇格蘭人日夜咒罵柴契爾，也埋下今日「蘇獨」的因子。大量的失業人口擴大英國的貧富差距，也損及了英國的教育發展，使群眾大感不滿。為了處理失業問題與贏回民心，柴契爾人仍舊投入大量的預算提振社福，但也葬送了柴契爾的經濟政策，「英國病」再次復發。柴契爾在歐洲問題上極端保守立場，也讓她眾叛親離。

　　1990年，歐洲即將推出歐元，但柴契爾堅決反對放棄英鎊，這讓議會認為如果不用歐元，英國有可能與歐洲脫節，永被孤立，所以唯有推翻柴契爾，英國才有出路。

　　1991年，柴契爾在保守黨的內外壓迫下辭職下台，結束了第一位女性首相的傳奇。但她至今仍是歐洲執政最久的女性首相，現今的德國總理梅克爾緊追在後。

　　2013年，柴契爾夫人離世。她與美國總統雷根的「新自由主義」政策在1980年代開創傳奇的新局，造就了自由世界輝煌的經濟成果，但也造成日後2008年的華爾街再次崩盤。解除對金融業的管制，只造成更多不法的金融詐欺案，終於拖垮全世

界的經濟，使今日的世界動盪不安。這一切都要回溯到柴契爾夫人的經濟政策。

柴契爾之後，曾是柴契爾內閣成員的梅傑（John Major）出任首相。在他任內參與了美國發動的第一次波灣戰爭。梅傑任內發生英鎊重貶的黑色星期三，讓梅傑備感壓力，據說連辭職信都寫好了。梅傑無力處理英鎊貶值問題，但英國經濟卻因禍得福。英鎊的貶值反而有利於英國海外出口商品的競爭力，意外振興了英國的經濟。梅傑也再次與愛爾蘭共和軍對話，愛方提出停火協定，但梅傑卻對雙方的協定內容不滿，拒絕簽字，這讓談判破局。

「新工黨」的布萊爾

1997年的選舉，保守黨大敗，梅傑下台，工黨的布萊爾（Tony Blair）成為首相。工黨再次奪回政權。布萊爾一上台就以「新工黨」自居，他不再堅持過去工黨的傳統觀念，反而導入了自由貿易與市場經濟的概念。在他上台第一件大事，就是將香港主權移交中共政府，正式結束英國對香港150多年的殖民統治。從柴契爾夫人就已經奠定了未來香港移交中共後要採取「一國兩制」的政策，當然這個政策在現今的香港看來面臨挑戰。

布萊爾在北愛爾蘭問題上，有別於過去保守黨的強硬態度，他成立了北愛自治政府。此外他也對蘇格蘭和威爾斯下放權力，1999年，結束了300多年的蘇格蘭議會又重新恢復，威爾斯也成立議會。但對蘇格蘭下放權力，反而助長的蘇格蘭民族

主義運動的興起,「蘇獨」問題又浮上檯面。

2001年爆發震驚全球的「911」事件,布萊爾很快地站在美國同一陣線。布萊爾如此親美的態度,在2003年第二次波灣戰爭嶄露無遺。美國總統小布希聲稱發現伊拉克藏匿龐大的生化武器,於是很快便決定出兵伊拉克。布萊爾再次與布希站在一塊,並與美國連同出兵伊拉克。英美聯軍迅速擊敗伊軍,逮捕伊拉克獨裁者海珊。海珊被押去美國,最後絞刑處死。美國這次的軍事行動在國際上是備受譴責,國際多數認為美國這是侵略行為,英國居然還當幫兇。最諷刺的是,當年小布希聲稱伊拉克藏匿的大量生化武器居然沒找到,這讓美國更加師出無名。第二次的伊拉克戰爭最終造成了現今中東的亂局,ISIS的崛起,就是伊拉克戰爭的產物。但無論外界批評聲浪多大,在伊拉克戰爭的問題上,布萊爾始終堅持這是「做正確的事」。

布萊爾是工黨歷史上在位最久的英國首相,他在2007年辭去工黨主席,也正式與首相之位告辭。

布萊爾辭去首相後,由英國財政大臣、工黨新任主席布朗(James Gordon Brown)當上新任首相。布朗就任之初因大力主張打擊恐怖主義而深獲支持,不料才上任沒多久,2008年就爆發可怕的全球金融危機,英國經濟陷入困頓,布朗的工黨政府備受打擊,工黨的支持率大大下降。而在2009年,更因兩名內閣大臣陷入財政醜聞,使布朗與工黨支持率更是跌落谷底。2010年4月,英國宣布解散議會,於5月6日舉行選舉。選舉前幾日,布朗在拜訪社區時,有一位支持工黨的女性提問,事後他與助理私下交談時,批評這位女性為「偏執狂」,卻因麥克風

未關，導致媒體將此言大肆渲染，極度損害他的形象。終於在2010年工黨選舉失利，選舉結果，保守黨獲勝，但席次並未過半，因此與自由民主黨合作，更與工黨達成協議。保守黨再次奪回政權，保守黨的黨魁卡麥隆出任新任首相。

最年輕的首相──卡麥隆

卡麥隆（David Cameron）是英國近二百年來最年輕的首相，他上任時宣布與自由民主黨組成聯合政府。2011年底，歐盟高峰會議為解除歐洲債務危機，決定採納德、法兩國的草案，修改《里斯本條約》，但卻在卡麥隆行使否決權下流產。英國副首相克萊格公開炮轟卡麥隆，指責此舉不利英國經濟與就業率。會議後，法國總統拒絕與卡麥隆握手；德國的報導則直接以「英國，再見！」為標題，兩國的回應證實了克萊格所擔心的「英國將在歐盟中被邊緣、孤立化」。

卡麥隆任內舉辦了2012年倫敦奧運，但卡麥隆任內出現了幾次非常重要的公投，一是英國是否脫離歐盟，二是蘇格蘭獨立公投。卡麥隆為了自己的連任，居然拋出嚴重影響英國未來的公投，這都是為了選票考量，但無疑是拿石頭砸自己的腳。首先，卡麥隆居然承諾蘇格蘭辦獨立公投，簡直要了英國的命，幸好公投沒過，卡麥隆嚇出一身冷汗。但另一項脫歐公投卻是成功通過了，這不但對英國未來帶向不可測的道路，也對全世界經濟市場投下一顆震撼彈，卡麥隆為此負責辭去首相職務。2016年，保守黨的梅伊（Theresa May）繼任首相，成為繼柴契爾之後，英國第二個女性首相。

但梅伊要面對的，是前途未知的英國。英國一脫歐，經濟前途未明。梅伊猶如駕駛著一條在暴風雨中搖擺的「英國船」，這艘船甚至有可能會斷裂，因為蘇格蘭獨立公投又來了！梅伊要如何面對茫茫的前途，且讓我們拭目以待。

第三章　國際新局勢下的挑戰

英倫三島的糾葛

　　大英聯合王國內部的英格蘭與蘇格蘭衝突，真要探究原因，居然可以上看到兩千年前的羅馬帝國時期。西元前55年，凱薩就已經數度入侵不列顛島，但都遭到當地的克爾特人擊敗。到了西元43年，羅馬第三任皇帝克勞狄一世（Tiberius Claudius Caesar Augustus Germanicus）終於順利征服不列顛，並建立行省。但羅馬並沒有真正占領整個不列顛島，只占領島嶼的南部。這塊「南不列顛」的羅馬控制區，就變成現在的「英格蘭」。

　　羅馬建設英格蘭，並在英吉利海峽邊建立了一個港口當作行政中心，就是現在的倫敦。所以倫敦是座羅馬城市。但對於位在義大利的羅馬來說，不列顛島真是「偏遠」的「化外之地」，羅馬的力量鞭長莫及，所以它沒有力量進一步的占領整座島嶼。而原本占有整座島嶼的不列顛原住民克爾特人，只有被驅散到未被帝國統治的北不列顛，於是不列顛島形成「南北對峙」。這樣的「南北對峙」分化了不列顛的文化、政治與人種，形成未來蘇格蘭與英格蘭對峙的局面。北部的克爾特人，尤其是皮克特人常常騷擾南部的羅馬行省，讓羅馬官兵疲於奔命。西元122年，羅馬皇帝哈德良為了抵禦北方的克爾特人，就在與北方克爾特人統治的邊界上，建立了著名的「哈德良長城」。

　　身為當時歐洲最進步強大的羅馬，南不列顛在羅馬的統治下獲得不錯的發展，成為不列顛島的核心地區，南北之間發展的程度明顯拉開，南進步，北落後。羅馬人又與南不列顛人進一步融合，使南北的文化、人種、語言又變得不同，南北之間的差異更大了。隨著羅馬帝國日漸衰敗，羅馬人只有放棄不列顛行省撤退，南部較發達的不列顛移進了新的統治者，來自歐陸的日耳曼部落，盎格魯・撒克遜。盎格魯・撒克遜人接收了進步的南部，與北部的部族繼續對立。到了11世紀，諾曼人又從歐陸入侵不列顛，取代盎格魯・撒克遜，成為新的南部統治者。南北之間還是對立。

　　所以日後不管什麼民族入主不列顛，統治的範圍幾乎就是過去羅馬曾統治過的地方，所以羅馬在不列顛的統治與建設，決定了未來不列顛島的地緣政治。如果羅馬當時統一了整個不列顛島，會不會就不會有未來的英、蘇衝突？這是相當有趣的疑問。

　　在英格蘭諾曼王朝建立之後，諾曼人就用強大的武力折服了蘇格蘭王國，蘇格蘭成為英格蘭的附庸國。待金雀花王朝的愛德華一世時，愛德華加強對蘇格蘭的控制，蘇格蘭則與法國結成同盟，愛德華一世反而出兵擊敗蘇格蘭，還奪走蘇格蘭國王加冕時的命運之石，此舉引起蘇格蘭巨大的反彈，民間的反英志士威廉華勒斯（William Wallace）糾集蘇格蘭群眾大戰英軍，在史特靈橋戰役（Battle of Stirling Bridge）中大敗英軍，讓愛德華一世顏面盡失。威廉華勒斯趁勝南下攻略英格蘭各城鎮，但最後被同伴出賣，交到了愛德華一世手上，愛德華將華

勒斯處以極刑。華勒斯雖死，卻成為了蘇格蘭史上第一的民族英雄。愛德華一世殺死華勒斯後，在1298年親征蘇格蘭，徹底擊敗了蘇格蘭，蘇格蘭大致上成為英格蘭的領土。1307年，愛德華一世過世，蘇格蘭王羅伯特一世起兵反抗英格蘭，1314年，羅伯特擊敗英軍，獲得了獨立地位。1320年，蘇格蘭王國獲得羅馬教皇的承認；1328年，英、蘇兩國簽訂條約，正式承認蘇格蘭為獨立王國。蘇格蘭第一次的獨立運動告終。

不過當羅伯特一世一過世，英格蘭再次想染指蘇格蘭。羅伯特一世的兒子大衛，年僅5歲繼位，英格蘭馬上在1332年進攻蘇格蘭。第二次英蘇大戰又爆發。國王大衛二世與皇后逃到法國，蘇格蘭的人民也繼續抵抗。但不久後，英法百年戰爭爆發，英格蘭無力開兩面戰場，所以撤回了征蘇大軍，投入對法戰爭。1341年，已經17歲的大衛二世重返蘇格蘭，領導蘇格蘭繼續抵抗。蘇格蘭與法國結成同盟，雙面夾攻英格蘭，獲得不小的成果。

英法百年戰爭的開啟，加上蘇格蘭又聲援法國，讓英格蘭腹背受敵。雖然英格蘭仍擊敗蘇格蘭軍隊，但已經無法負荷，只有在1357年跟大衛二世簽停戰條約，結束第二次英蘇戰爭。

此後，蘇格蘭進入斯圖亞特王朝。斯圖亞特王朝雖與英格蘭繼續對立，但卻開始了既對抗又合作的關係。斯圖亞特王室與英格蘭的都鐸王室聯姻，此後的斯圖亞特王朝也有了英格蘭王室的血統。當都鐸王朝最後一個國王，伊麗莎白一世過世後，由於伊麗莎白終身未婚，所以無子嗣繼位，此時英格蘭王位的第一繼承人，居然就是蘇格蘭王詹姆士六世！兩國的皇室

通婚，意外造成兩國的統一。蘇格蘭王正式入主倫敦，蘇格蘭在某種程度上可說是征服了英格蘭，從此開啟「英格蘭、蘇格蘭斯圖亞特王朝」。

由於兩國的王室在正常情況下結合，加速了英、蘇兩國的合併。為了防止英蘇兩國又因為王位繼承而分化，所以在君主立憲下將英、蘇兩國的議會合併，將國家改組為「大不列顛聯合王國」。這次的合併有很大的爭議，蘇格蘭並不服氣，但隨著英格蘭的經濟實力逐漸擴大，蘇格蘭王國也就漸漸消亡。

到了18世紀初，英格蘭與蘇格蘭國會簽訂了《1707年合併法案》，正式敲定兩國合併成大不列顛聯合王國，蘇格蘭議會被取消，從此不列顛島停止了英蘇的內耗，快速崛起成世界殖民帝國，但這也意味著蘇格蘭的亡國。

雖說兩國的合併過程都合乎法律程序，是正常合法的結果，但蘇格蘭人從來都不放棄追求自己的自主權。而英、蘇兩地之間仍存在歧視，例如亞當斯密和休謨這些著名的蘇格蘭人，常因為他們蘇格蘭口音被英格蘭人歧視。英格蘭強大的經濟實力常常壓過了蘇格蘭，所以在聯合王國裡，蘇格蘭的位置漸漸消失，英格蘭還是相對強大，這也讓蘇格蘭很不平衡。因此自1707年合併之後的三百年裡，蘇格蘭人從沒放棄獨立的主張。

一次大戰後，蘇格蘭獨立運動再起。1934年，蘇格蘭民族黨成立，蘇格蘭民族黨就是今日推動蘇格蘭獨立最大的力量。1997年，工黨政府承諾恢復蘇格蘭議會，蘇格蘭議會自18世紀被撤銷後，歷經將近300年再次恢復，蘇格蘭的自治權獲得提

升。儘管如此，蘇格蘭並沒有獨立成功，蘇格蘭獨立問題在那時仍不成氣候，直到2008年華爾街問題為止。

2008年，雷曼兄弟倒閉，華爾街的金融風暴震撼全球。次年引爆歐債危機，歐洲經濟一落千丈，連帶英國經濟跟著遭殃。英國經濟衰退，蘇格蘭的狀況更糟，這給了蘇格蘭民族黨炒作獨立議題的機會。蘇格蘭有炒作獨立的空間，不僅是近年英國經濟敗壞，過去柴契爾夫人時代，柴契爾強勢的關閉蘇格蘭的礦場導致蘇格蘭人大量失業，至今蘇格蘭人仍痛恨柴契爾。新仇舊恨加在一起，蘇格蘭的獨立氣焰更強了。

2012年，受不了蘇格蘭民族黨獨立議題的炒作，時任英國首相卡麥隆居然承諾蘇格蘭辦獨立公投。卡麥隆的如意算盤是，他認為蘇獨公投注定會失敗，藉此能平息蘇獨的聲浪，又可炫耀英國是多大氣的民主國家。卡麥隆這招是步險棋，並不是只有英國有分離主義勢力，其他歐洲國家也有（例如西班牙、法國、義大利），但沒有一個歐洲國家會承諾舉辦獨立公投。

果然，局勢不如卡麥隆所預期。當2014年蘇格蘭要辦獨立公投時，民調顯示蘇獨的比例與留在聯合王國的比例旗鼓相當，卡麥隆急了，整個英國都慌了！2014年9月8日，在距離公投的前10天，卡麥隆連同英國主要政黨自由黨、工黨都派代表前往蘇格蘭遊說，希望蘇格蘭留下來，不要獨立。卡麥隆動之以情，曉之以理地向蘇格蘭群眾呼喊，希望他們留在聯合王國，並承諾會給蘇格蘭更多自治權，但蘇獨派並不領情。

即使是蘇格蘭內部，也是有分留下來與蘇獨派兩方，雙方

都在群眾面前激辯。蘇獨派認為蘇格蘭擁有北海油田，有自給自足的能力，絕對夠資格獨立建國；留在聯合王國派認為蘇獨派根本痴人說夢，以蘇格蘭現在的財政赤字，光靠北海油田根本沒有能力建國。雙方可以說是脣槍舌戰。蘇獨派居然天真妄想獨立後能繼續用英鎊，英國央行直接駁斥「不可能」。蘇獨派也說會加入歐盟，但蘇格蘭因為英國加入歐盟的關係早就在歐盟，何必多此一舉？歐盟對蘇獨的態度也不支持，美國希望英國穩定，對蘇獨也不太樂意。在這些國際現實的壓力下，蘇獨的支持度幾經波動，但唯有公投後才知道結果。

2014年9月18日的公投結果一出爐，蘇格蘭超過半數的票數反對獨立，蘇格蘭公投沒通過！卡麥隆這下鬆口氣，全世界也鬆了口氣。歐洲有分離勢力的國家都怕蘇獨通過，會產生後續效應。蘇格蘭民眾反對獨立的根本原因，還是經濟的問題，多數蘇格蘭民眾認為獨立派太天真，蘇格蘭的財政根本沒辦法維持獨立。蘇格蘭民族黨主席薩孟德為公投失敗主動下台，但他說仍不會放棄蘇獨。

但蘇格蘭獨立問題在2016年英國脫歐公投後又浮上檯面，帶來脫歐公投議題的又是卡麥隆！他為了自己的政治前途開了太多支票，搞到自己下不了台。他承諾只要能連任就辦脫歐公投，最後他連任了，結果脫歐公投過了，他也為此下台了。蘇格蘭之所以反對獨立，就是因為能留在歐盟，結果英國竟然脫歐了，蘇格蘭少了歐盟的利多，有什麼理由再留在大英聯合王國？蘇格蘭公投訴求再起，新首相梅伊不想再重蹈卡麥隆覆轍，拒絕再給蘇格蘭公投。但脫歐茲事體大，英國已經下不了

船，蘇格蘭獨立問題只會愈燒愈旺。不過這一切都是英國人自己選擇的道路。

北愛爾蘭獨立問題

英倫三島中的愛爾蘭島，因種族、文化、語言等問題，加上大部分居民信仰天主教，與新教體系的英國國教派不同，因此長期對英國王室有疏離感。而在一次大戰後，更進一步演變為愛爾蘭的獨立運動。

1919年1月，愛爾蘭國民大會宣布建立愛爾蘭共和國，並開始以游擊戰的方式來對抗英國。1920年12月，英國政府在壓力之下准許南、北愛爾蘭各設政府和議會，擁有更廣泛的自治權，但南愛爾蘭並不領情。1937年12月，南愛爾蘭成立了愛爾蘭共和國，並在1949年4月退出大英國協。但北愛爾蘭因內部意見分裂為兩派，一派主張與愛爾蘭共和國合併，另一派則主張留在英國，形成一直困擾英、愛兩國的「北愛爾蘭問題」。

表6-3 南北愛爾蘭比較

區域	南愛爾蘭	北愛爾蘭
名稱	愛爾蘭共和國	英國北愛爾蘭區
首府	都柏林	貝爾法斯特
語言	愛爾蘭語、英語	愛爾蘭語、英語
民族	愛爾蘭人	愛爾蘭人
宗教	天主教	天主教、新教
政治	內閣共和制	君主立憲

　　北愛爾蘭獨立問題這幾年來相對沉寂不少，不像蘇格蘭獨立問題這些年炒得很熱，或許原因是北愛早在十多年前已經就獨立議題與聯合王國取得共識，放下獨立的堅持，攜手並進向前。但這並不代表獨立議題不會再起。

　　北愛在獨立問題上與聯合王國的衝突是比蘇格蘭獨立更加激烈，而且更為血腥。

　　愛爾蘭與英國的關係，早在羅馬時代就有了。生於羅馬行省英格蘭的羅馬貴族後代派翠克，曾被海盜綁架至愛爾蘭。期間的經歷，讓他有了堅定在愛爾蘭傳揚基督教的目標。歷經千辛萬苦逃回英格蘭的派翠克接受羅馬教會的訓練，在西元5世紀到愛爾蘭宣教，使愛爾蘭成為天主教的國度。為了紀念這位傳教聖人，「聖派翠克節」是愛爾蘭人最重要的節日之一。這也讓愛爾蘭成為傳統的天主教國家。

　　在英格蘭被諾曼人統治後，來自英格蘭的諾曼人也入主愛爾蘭，從此愛爾蘭併入英格蘭統治。到了宗教改革後，都鐸王朝的亨利八世進一步在愛爾蘭傳揚英國國教，英國的新教傳入愛爾蘭，為日後的愛爾蘭帶來嚴重的宗教衝突，這也是北愛爾蘭問題的根本原因。

　　英國新教的移入，讓愛爾蘭的天主教備受攻擊，愛爾蘭天主教徒非常多的權力被限制，讓愛爾蘭的新教與天主教更為對立。19世紀一開始，愛爾蘭併入聯合王國，天主教的愛爾蘭人與接受新教的愛爾蘭人都分別成立政治勢力，雙方的衝突在進入20世紀後更加激烈。

　　20世紀初，英國政府承諾讓愛爾蘭獲得自治，這反而讓愛

爾蘭支持聯合王國的新教徒非常不滿，要求英國政府取消愛爾蘭自治。愛爾蘭天主教徒追求獨立的聲浪也不斷高漲，新教派與天主教派都成立了準軍事組織，愛爾蘭內戰一觸即發。幸好1914年爆發一次大戰，轉移了愛爾蘭內部各勢力的注意力，反而強化大英帝國的團結，共同對付德國。

不過大戰期間，愛爾蘭獨立分子還是有起兵動亂，1916年爆發「復活節起義」。此次動亂被英國政府敉平。1918年到1920年，愛爾蘭獨立分子發動一次次的獨立行動，甚至開始與英國政府爆發游擊戰，恐怖行動也沒停過。爭取獨立的愛爾蘭新芬黨也在期間成立了愛爾蘭國會，要求脫離聯合王國。爭取獨立的愛爾蘭共和軍在一連串的恐怖行動後，逼著英國政府坐上談判桌。1920年，雙方簽訂愛爾蘭政府法案，將整個愛爾蘭島分成南、北兩個愛爾蘭。為何分成南、北兩個愛爾蘭？因為北愛是新教徒較多，南愛多是天主教徒，依據宗教派別分離了愛爾蘭。1921年的《英愛條約》確立了愛爾蘭南北分裂，南愛的游擊戰也就告終，成立了愛爾蘭自由邦，幾乎就是個獨立的愛爾蘭國（直到1949年愛爾蘭正式獨立）。北愛則繼續留在聯合王國中。但北愛被分離出去，讓愛爾蘭民族分子非常憤怒，認為這是非法分裂愛爾蘭。南愛爾蘭成立了准國家，但北愛爾蘭繼續陷入暴力中。1920年代，北愛的天主教與新教徒的暴力仇殺問題非常嚴重，雙方都有死傷。北愛的天主教民族主義者要求將北愛歸還給南愛爾蘭，建立一個「完整的愛爾蘭共和國」；但支持留在聯合王國的新教徒就是不肯同意。

1960年代，北愛問題更趨激烈。受美國馬丁路德・金恩

的民權運動影響，北愛爾蘭的民權組織也上街為天主教徒爭取權益。原本只是一個和平的遊行運動，但在新教徒與保皇派眼裡，這根本就是愛爾蘭共和軍在操縱的運動。1969年，英國警察與示威群眾衝突升高，最終演變成暴力衝突，造成一些死傷。直到英軍介入才平息衝突。

1970年代，衝突更激化，死傷更慘重。1972年1月30日，北愛示威群眾竟遭到英軍實彈掃射，造成14人死亡，這一天被稱為「流血星期日」。英軍收到情報說有愛爾蘭共和軍的恐怖分子混在遊行群眾中，於是開槍掃射。死亡的北愛民眾都是手無寸鐵的老百姓，所以英軍的作法被認定不合法。幾乎整個七〇年代，北愛都陷入腥風血雨之中。

1980年代，柴契爾夫人鐵腕作風，對北愛共和軍幾乎格殺勿論，被關押的北愛政治犯也以罪犯論處，得不到政治犯的待遇。1981年的巴比桑茲為了爭取政治犯待遇，以絕食明志，結果就這樣餓死！

經過數十年的北愛內戰，雙方都深感疲憊，逐漸厭戰，到1994年，北愛共和軍宣布停火，但在1996年又爆發曼徹斯特爆炸案，造成200多人受傷。此後陸陸續續有恐怖行動，直到2005年，北愛共和軍解除所有武裝。停火之後，北愛與英國政府開啟政治協商，建立了各方勢力（包含獨立的極端政黨新芬黨）融合的北愛爾蘭自治政府。從此結束了血腥的北愛內戰。

2012年，英國女王伊麗莎白二世拜訪北愛爾蘭，受到民眾熱列歡迎。女王的親戚，前二戰英雄蒙巴頓將軍被愛爾蘭共和軍用炸彈炸死，北愛爾蘭的暴力衝突，上至女王，下至平民百

姓，都有至親死於北愛衝突。但女王這時為了北愛的和平，甚至與北愛爾蘭共和軍前指揮官麥金尼斯握手致意，麥金尼斯也用愛爾蘭語對女王說：「女王再見，上帝保佑妳。」北愛問題在彼此的誠意下終於獲得解決。

但北愛宗教衝突的問題還是隱藏的問題因子，天主教徒與新教徒仍是彼此不太往來，教派之間的平權問題仍有待進步。但英國脫歐引爆的蘇獨問題，是否會促使北愛獨立運動再起？仍是值得觀察的事情。

經濟強國走下坡

回顧英國從崛起到衰落的歷程，不難看出，從國土面積和人口數量等條件來看，英國只是一個中型國家。但英國能從一個島國變成歐洲強國，最終成為世界霸主，憑藉的是在文化、民主、法制與科技上的創新。所以，近代工業革命首先起源於英國絕非偶然。英國在海外殖民地多、原料足、市場廣大，如何利用原料加工改造為商品以獲更多利潤，成為英國工商業追求的最大目標。光榮革命後，英國確立了君主立憲政體。境內從此未再發生過戰亂，社會只有建設而無破壞，人民從事工商業者愈來愈多，民間累積了大量的資本，使富有的工商業者有剩餘的資本投資於技術改良的研究與從事新工業的建設。議會政治確立後，政府不能隨意徵稅，人民財產有了保障，因此工商業者為謀求個人的利益都訂定了較長遠的計畫。

但到了第二次世界大戰結束後，英國已淪為二流國家。從表面上看來，似乎是戰爭讓英國從頂峰上跌落下來，但其實英

國在1870年以後就在經濟發展上顯露出疲態,根據1851年的英國人口調查,農業依然是英國最大的產業,手工業者也依然占有很大的比例,因此有的西方學者甚至認為英國在1870年前或許一直在快速地工業化,但它的經濟型態仍然處於一種農業經濟的形式。二十世紀七〇年代以來,發生了以資訊技術與知識創新為特徵的知識革命(資訊革命),美國與日本、西德等國開始從工業時代走向知識時代、從工業經濟走向知識經濟、從工業社會向知識社會轉移,不斷開創經濟奇蹟。而此時的英國卻仍沉浸在「日不落帝國」的威名之中,進步相對緩慢,這也成為日後英國沒落的主要原因之一。

此同時德國則逐漸走向成功發展的道路,德國的銀行與工業界的合作比較密切,金融業往往深謀遠慮地策劃其在產業界製鋼、化學藥品及電器電子方面的投資。德國甚至不斷投資花大錢作科學研究,這是英國所未見的。當德國已經有幾個大公司聯合成卡特爾(cartel),主宰了每一行業時,英國仍盛行家庭公司。家庭公司對維多利亞早期的紡織工廠而言是一種有效的生產單位,但對汽車工業則不然。這一事實可以解釋為何美國在1913年生產了46.2萬輛汽車,而英國僅生產1.3萬輛汽車。英國工廠忽略了研發工作,僱用的工程師人數不足,並且不注意裝配線及零件的標準化,老公司仍舊採用舊式的管理與生產方法,這些都是造成英國工業停滯不前的阻力。

此外,相對而言教育的落後也給英國經濟帶來致命打擊。同時期的德國在這一方面遠遠走在英國的前面。英國在1914年以前擁有世界性的投資、貿易與財富,他們對政治、慈善事業

的社交圈較感興趣，相較之下他們對於應用科學與工程學上的新突破並沒有產生太大的興趣，因此其工廠所用的生產方法也往往較為老舊。

兩次戰後經濟破壞帶來的影響

英國人經歷了第一次世界大戰（1914～1918）的洗禮，雖然最終贏得勝利，但也付出極為慘重的代價：整個大英帝國共派遣九百萬人遠赴歐洲大陸戰場，在長期僵持的壕溝戰中，七十五萬名士兵陣亡，兩百萬名士兵受傷或殘廢。英國本土則受到德國齊柏林式飛艇及飛機轟炸，炸死了數千人外，許多建築物與工業設備也在戰火中被摧毀了；龐大的英國商船隊在德國潛水艇的攻擊下，有70％被擊沉。在經濟上，英國由美國債權國變成債務國。英國賴以生存的兩大支柱——經濟實力和海上霸權都在戰火中大為削弱。

在4年的戰爭期間，所有的事情都在轉變，英國人充滿安全感的十九世紀結束了，開啟了二十世紀無可預知的大門。婦女已不再是單純的家庭主婦，大約有一百三十多萬婦女投入勞動的行列，以代替遠赴海外參戰的男人；工人組織了更為強勢的工會，要求分享利潤。在十九世紀後半期的社會主義影響下，各種工會紛紛成立。1906年工黨成立了，它在1922年取代了自由黨成為英國兩大政黨之一（另一大黨為保守黨），並於1924年首度取得政權，組成第一屆工黨內閣。之後在1929至1931年再度執政，英國的政黨輪替執政已成了政治常態。

1918年到1939年間，英國的經濟在繁榮、不景氣、罷工、

復甦、破產、蕭條及復興中不斷擺動，無法預知其未來發展，經濟學家為之困惑，政治家亦在其中嚐到挫折感。在1930年代的世界經濟大恐慌中，英國的對外貿易額比1929年下降了一半以上，工業生產也只相等於1929年的83.8％，失業人口增加一倍多。面對這樣的經濟危機，英國放棄了實行近一個世紀的自由貿易政策，從1932年開始採取保護關稅政策。

第二次世界大戰（1939～1945）也帶來莫大的衝擊，六年戰爭中相當長的一段期間，歐洲戰場上只剩英國單獨與德國對抗，因此其所受到的傷害也較歐洲其他國家來得大。戰爭使英國損失了四分之一的財富，出口貿易額減少三分之二。第二次世界大戰雖然不比第一次世界大戰恐怖，但對英國人而言，它卻對英國造成更嚴重的傷害，因為第一次世界大戰主要戰場在歐洲大陸，以壕溝戰為主，而第二次世界大戰範圍蔓延且更富機動性，對英國本土及帝國造成更大的毀壞。（由於1903年飛機發明迄第一次世界大戰時僅不過十年的歷史，因此第一次世界大戰飛機於執行轟炸時，是將炸彈綁在飛機上，可攜之炸彈量較少，造成的傷害也有限，而第二次世界大戰則不然，飛機不論在性能與戰力上皆不同於以往，殺傷力及所造成的傷害當然就更大了。）

英國雖為戰勝國，但卻面臨通貨膨脹、英鎊購買力下降的窘境。更令人矚目的是，領導英國人渡過第二次世界大戰難關的保守黨首相邱吉爾，卻在1945年7月國會大選中，被新首相艾德里（C. R. Attlee，1883～1967）所取代，這個外表謙和、指揮若定而辯辭嚴酷的新首相，率領工黨政府展開重建英國的

工作。工黨政府面對戰後經濟，除了派經濟學家凱恩斯赴美爭取，使英國獲得「馬歇爾計畫」戰後重建經援，成為僅次於法國的第二大受援國，並成立了「國民保健署」，推動包括「公醫制」等社會福利政策。這個當年備受爭議的機構，時至今日已為社會所普遍接受。艾德里政府亦大力推展國內主要工業和公共事業的國有化，當中以煤礦業和鋼鐵業最為顯著，此外也成立了國有的國家鐵路局以及國家公園系統。

1951年邱吉爾再度領導保守黨贏得國會大選，並再度出任首相。當時雖然評論家們異口同聲地責難國有企業效率太低、社會福利花費太多，而經濟計畫又使國家負擔沉重。但邱吉爾政府也僅僅取消鋼鐵和貨運的國有政策，而沒有全盤廢棄帶有社會主義色彩的社會福利制度，也沒有將電力、鐵路、煤氣及航空公司歸還給私人之手。隨後的十三年（1951～1964）間在保守黨統治之下，因世界經濟成長、工業與科技加速進步，使英國能繼續維持國內的經濟發展及社會建設。

歐洲聯盟的誕生

歐洲統合一直以來都是歐洲的熱門議題。早在羅馬帝國時期，歐洲就已經進一步的獲得統合。羅馬帝國版圖擴及整個南歐，又獲得法國與英格蘭的領土，在領土內擴散了希臘的文明，又建立了單一的宗教──基督教。即使羅馬帝國並沒有歐洲統合的概念，但羅馬的統治為歐洲帶來共通點，成為未來歐洲統合的重要歷史因素。

羅馬隨著政治的衰敗消亡，但羅馬留下的基督教反而更進

一步的統一了歐洲，讓歐洲的宗教統一。即使歐洲的政治仍分成數個不同國家，但在宗教認同上，歐洲人都會說：「我是基督徒。」以羅馬教廷為中心的基督教歐洲，教廷成為能遙控整個歐洲的重要存在。所以日後才會有所謂的十字軍東征。十字軍由教廷號召，成員來自歐洲各國，統一聽教廷指揮，歐洲統合的實際行動在十字軍中已經開花結果。

日後發生了宗教戰爭與民族國家的興起，各國間的衝突不斷加劇，但歐洲統合的理念仍然不停歇。為了讓受宗教戰爭荼毒的歐洲獲得和平，法國人馬里尼（Antonio Marini）說服諸位歐洲國王成立一個「共同體」，來結束戰爭，實現和平。另一位法國人蘇利（Duc de Sully）也提出「大構想」計畫。這些構想，都是歐洲統合的先進行動。

到了十八世紀的啟蒙時代，啟蒙思想家們也紛紛提出歐洲統合的概念。法國作家聖皮耶（De Saint-Pierre）發表「歐洲永久和平備忘錄」，聖皮耶認為要解決歐洲各國的爭端，必須由歐洲各國共同組織議會，並以邦聯的方式解決爭端。聖皮耶也提出了財政共管的理念。之後法國啟蒙大師盧梭（Jean-Jacques Rouseau）同樣提出歐洲統合。盧梭認為歐洲必須成立一個國際組織，在共同的法律、文化、信仰上，建立一個歐洲大家庭，如此才能建立一個繁榮的社會。德國啟蒙大師康德（Immanual Kant）也曾發表統合論，他的「永久和平論」便是代表作。與盧梭一樣支持共和的康德認為所有共和民主國家要成立一個共同體，並共同遵守國際法。不過康德的範圍並不只有歐洲，他的想法是擴及全世界。與其說康德的想法是歐洲聯盟，不如說

康德已經想到成立聯合國。

拿破崙時期是歐洲實質上真的走向統合的階段，拿破崙手舉著法國共和理念，在歐洲各地到處興戰，幾乎統一了整個歐洲，雖然拿破崙最終失敗，但《拿破崙法典》已經傳遍歐洲。

拿破崙時代之後，歐洲也進入工業革命時代，普魯士與日耳曼的關稅同盟加強了德意志諸邦的連結，最終普魯士利用經濟目的達到政治目的，建立了德意志帝國。奧地利帝國內部充滿各種民族，哈布斯堡王室也致力於建立多元民族國家，提出聯邦主義的概念希望能讓帝國繁榮安定。

19世紀的歐洲，經濟發展被認為是統合的一個指標。工業革命與資本主義的興起，鐵路的興建與技術、人員、資本的往來，都加深了各國的依賴程度。但因帝國主義全球殖民地的爭奪，歐洲各國就算彼此依賴度愈來愈高，但衝突同樣加劇。這造成了兩次世界大戰。

一戰之後，歐洲滿目瘡痍，但歐洲統合理念繼續發酵。義大利、德國、法國都有統合理念誕生。法國為了消彌戰端，試圖與德國修好，希望建立以德法為首的「歐洲國家聯盟」，但個理念在法西斯主義興起後，就逐漸消沉。但歐洲統合並沒有消失，取而代之的是法西斯的歐洲統合路線。例如希特勒開始與奧地利成立關稅同盟，隨後並吞奧地利。義大利的墨索里尼也呼籲恢復古羅馬的榮耀，與希特勒合作侵略歐洲。法西斯式的歐洲統合，就是第二次世界大戰。希特勒以驚人的武力，與法西斯同盟幾乎統一了整個歐洲，其勢力已經超越了拿破崙。但暴力的侵略行為最終帶來反撲，法西斯的歐洲帝國被同盟軍

所消滅。

　　戰後，歐洲更加破敗，美國與蘇聯崛起。蘇聯已經侵占了東邊的歐洲，西邊的歐洲岌岌可危。為了防止蘇聯進一步的擴散，歐洲統合的聲音再起，於是造就了現今的歐洲。西歐各國曾經希望整合歐洲的軍事力量抵擋蘇聯的擴張，但協商失敗，取而代之的是以美國為首的北大西洋公約組織。歷經兩次大戰的洗禮，歐洲的菁英人士希望能真正帶領歐洲遠離戰爭，所以重要的國際聯盟開始醞釀起來。1950年代的「舒曼計畫」開啟了近代的歐洲統合，由德、法、義大利、荷蘭、比利時參與舒曼計畫，建立了歐洲煤鋼共同體。這個共同體以德法兩國為首。德國盛產煤，而法國產鐵，自古以來兩國不斷搶奪對方所有的煤鐵資源，所以戰爭不斷，兩次大戰也都是因此而起。為了避免戰爭，彼此資源共享，所以德法為首才成立「歐洲煤鐵共同體」。以此為基礎，共同體不斷的擴大。

　　之後歐洲各國希望在政治跟軍事上更多統合，但這牽扯的議題太敏感，所以胎死腹中。但在比較中性經濟議題上獲得了統合，所以共同體進一步成立了原子能共同體與經濟共同體。此時的英國已經國力大衰，為了讓英國可以前進歐陸市場，英國申請加入共同體。但兩次申請都被法國總統戴高樂拒絕。英國後來與歐洲共同體經過漫長的談判，終於在1970年代進入共同體。雖然英國進入共同體裡面，但英國自古以來的「光榮孤立」總是造成困擾。例如歐共體在討論共同貨幣的時候，英相柴契爾夫人極力反對，強調絕對不放棄英鎊。

　　到了1980年代，歐洲共同體成員再次增加，這也是歐共

體快速成長的時代。歐共體提出歐洲單一法，加強了歐共體各成員國的緊密聯繫。歐洲單一法生效後，經濟貨幣聯盟又被提起，此時東歐巨變，蘇聯制度垮台，德國統一，使歐共體進一步在政治上統合。於是在1992年，歐共體成員國簽署《馬斯垂克條約》，正式成立「歐洲聯盟」，這就是歐盟的開始。歐盟成立後，貨幣統合也積極進行，2002年終於成立「歐元」。雖然不是每個歐盟成員國都用歐元（例如英國），但歐元的啟用，是世界國際聯盟的一個創舉。

歐盟的成立給世人歐洲欣欣向榮的景象，歐洲終於可以擺脫千百年來的戰爭陰霾，帶來永久的和平。康德的理想看似在歐洲實現了，但詭譎的世界局勢，讓歐洲聯盟的團結遇上了劇烈的挑戰。

歐債、難民危機衝擊歐盟

2008年，美國華爾街問題再起，雷曼兄弟破產，申請美國政府接管，開始了繼1929年華爾街大崩盤之後，世界最大的一次經濟大衰退。

從柴契爾、雷根的新自由主義在1980年代流行全球開始，英國、美國對銀行業的監管漸漸鬆綁，任由華爾街這些銀行鉅子販售有問題的金融商品，因此創造巨大的獲利。1980年代更是美國國力、文化最盛行的年代，創造了民主世界最風光的時刻。在1989年柏林圍牆倒台，蘇聯集團在全世界一一崩解後，英美為首的新自由主義路線更被認為是世界唯一的解藥，這是「歷史的終結」。

雖然新自由主義的完全放任路線為八〇年代帶來了驚人的成就，但這些成就是抽調未來的資源來繁榮當時，所以在2008年一切垮台，派對結束了。

華爾街的動盪震撼全球，全球股市一片慘淡，全球經濟全部重挫，在美國製造了巨大的失業率，這股危機同樣吹到了歐洲。2009年，希臘爆發債務危機，再次衝擊世界經濟的「歐債危機」爆發。希臘居然有一筆爛帳無法處理，歐洲央行希望希臘償還債務，但希臘根本無力償還。原來早在2001年希臘申請加入歐元區時，希臘政府就委託高盛集團幫他們做假帳，讓希臘成功加入歐元區。從一開始，希臘的經濟狀況就不能加入歐元，所以當歐債危機爆發時，希臘根本無力還債，這連帶拖垮了歐元區經濟。德國是希臘最大的債主，德國要求希臘政府刪減預算來還債，此舉馬上讓希臘的福利縮減，希臘失業率大增，希臘人無法從銀行領出錢來，希臘前途一片黯淡。

很快的，讓希臘退出歐元區的聲浪湧起，但更糟的還在後頭。不是只有希臘有債務問題，包括西班牙、葡萄牙、義大利和愛爾蘭都有嚴重的財務問題，這些國家因而被稱為「歐豬五國」。歐元區發生這麼大的財政問題，讓歐盟經濟嚴重衰退，歐洲的失業率比起美國更加驚人。

2008年的華爾街危機以來，美國為救自家經濟，不斷透過印製鈔票解決問題，但後續帶來的是美金大幅貶值，反而間接地讓別國發生通貨膨脹，受害最深的就是阿拉伯地區。阿拉伯地區長期以來經濟不振，失業率高，年輕人失業率更是高得嚇人。美國狂印鈔票，讓阿拉伯地區的經濟更加敗壞，通貨膨脹

更趨嚴重，終於2010年在突尼西亞爆發了「阿拉伯之春」，北非的群眾起來推翻當地的獨裁政府，要建立民主政權。這一暴動從突尼西亞轉到埃及，從埃及轉到利比亞、阿爾及利亞，再從北非延燒到西亞。西亞地區很快爆發戰事，最嚴重的就是敘利亞。敘利亞的阿賽德獨裁政府長期不得人心，這場「阿拉伯之春」民主運動很快在敘利亞爆發內戰，敘利亞反抗軍要推翻阿賽德政府，內戰從2011年打到現在。

可怕的內戰造成敘利亞百萬的難民潮，難民從敘利亞向外擴散，擴散到約旦、土耳其，更多難民想進入歐洲。歐洲於是面臨了二戰以來最大的難民潮。德國總理梅克爾基於人道主義的立場，也因為德國過去二戰的罪行曾造成更大的難民潮，德國願意接收這些敘利亞難民。而身為歐盟老大哥的德國也要求歐盟成員國一起擔負責任，收留敘利亞難民。但阿拉伯之春不是只在敘利亞造成內戰，連利比亞也陷入混戰，大量的北非難民渡地中海逃難到歐洲，他們有很多人就這樣溺死在地中海底。從西亞、北非湧入歐洲的大量難民，為歐洲各國帶來非常沉重的財政壓力，所以巴爾幹半島的國家如馬其頓、匈牙利都在國界築起柵欄，不准難民進入。難民的目標多是德國和英國，但他們被擋在巴爾幹國家的邊界。雖然德國擁抱難民，但沉重的財政負擔，以及利用難民潮湧入歐洲的恐怖分子無孔不入，讓德國人更是提心吊膽。總理梅克爾的聲望因而重傷。巨大難民潮更加深了歐洲的排外主義，歐洲的民粹運動更形活躍，同樣的情形一樣在英國發酵。

英國強勢脫歐

英國加入歐盟一直以來都非心甘情願，但二戰後英國經濟衰退是不爭的現實，迫於現實的壓力，英國還是選擇加入歐盟。但即使如此，英國內部仍有無數的疑歐派不滿歐盟體制，這簡直是出賣英國國家利益，當年大英帝國的光輝到哪去了？英國因此不願加入歐元，對免簽的「申根協定」也不予理會，更要求歐盟給英國更多獨立性的優惠。

2009年的歐債危機，英國身為歐盟重要的經濟體，當然要負擔部分的債務，英國人已經百般不滿。再加上敘利亞難民歐盟又要求成員國按經濟規模比例收納難民，使得英國人更加不滿。英國人不希望這些穆斯林難民進入英國跟他們搶資源，深怕讓英國經濟更加雪上加霜，也不希望有恐怖分子混在難民裡為英國帶來災難。總總導致脫離歐盟的聲浪不斷升高。

英國脫離歐盟的民粹力量體現在英國獨立黨身上。英國獨立黨黨魁法拉奇不斷鼓吹英國應該脫離歐盟，奪回自己的國界與尊嚴，這深得疑歐派的民心，所以獨立黨在議會中獲得的席次不斷增加，嚴重威脅執政的保守黨。保守黨首相卡麥隆為了救自己的聲望，居然下了一步險棋，就是同意英國民眾舉辦脫歐公投。卡麥隆在這個保證下果然使得2015年保守黨再次勝選，但事實上卡麥隆從一開始就不同意脫離歐盟。

誰曉得這下弄巧成拙，所有的民調出來都發現英國脫歐的比例逐漸攀升，甚至已經與留歐差不多了，卡麥隆這下才發現大事不妙！獨立黨的法拉奇不斷宣傳脫歐理念，連卡麥隆的同學，保守黨的同志，倫敦市長強森也來參一腳，強森一樣支持

脫歐。強森的作法，明顯是對卡麥隆逼宮，一旦脫歐公投通過了，卡麥隆只有下台，強森就能順理成章繼任首相。

卡麥隆面對雙面夾擊，只有頻上節目對英國人民解釋為何要留在歐盟，也不斷與脫歐派辯論。但局勢發展更趨迷離，英國到底留歐還脫歐？只有公投後才知道。

英國央行也警告，如果脫離歐盟，英國的經濟只會雪上加霜，所有在英國的資金都會因為英國脫歐而逃離英國，英鎊也會持續貶值，這絕對是災難性的後果。英國《金融時報》就質疑卡麥隆，明知道脫歐的後果這麼嚴重，為何還為了自己的政治前途，承諾這個災難性的公投？所有在倫敦的國際銀行也計劃撤離英國。這些國際銀行之所以將據點設在倫敦，就是因為可以從倫敦直接進入歐陸，倫敦當然成為歐盟的金融中心。但如果英國脫歐，少了方便進入歐盟的優勢，國際銀行為了歐盟市場只有撤離倫敦，遷到巴黎或其他歐陸城市，屆時英國將會有大量的金融從業人員失業，倫敦的世界金融中心地位也會被挑戰。所以各大銀行的執行長都勸自己的員工，如想保住飯碗，不要脫歐。蘇格蘭也不願脫歐。前幾年的蘇獨公投之所以失敗，就是因為英國還留在歐盟。蘇格蘭從歐盟得到相當大的農業利益，增加蘇格蘭的就業機會，如果脫歐，蘇格蘭經濟將受到致命打擊。若真的決定脫歐，蘇格蘭將會再舉辦獨立公投。

真正決定命運的時刻，落在2016年6月23日的脫歐公投。24日的開票結果震撼全世界！支持脫歐的票數達51.8%，超過留歐的48.1%，脫歐公投通過。脫歐派欣喜落狂，但留歐派就

不是如此了。蘇格蘭與倫敦都支持留歐，多數年輕人也支持留歐，但威爾斯與英格蘭較偏鄉的地區是支持脫歐。公投結果加深了英國的分裂。

更諷刺的是，許多英國人在公投結果出來後才拼命地上網搜尋「什麼是歐盟？」原來有一票英國人根本矇著眼睛去投票，他們以為公投不會過，結果讓人大吃一驚。連歐盟是什麼都不知道，這是民主史上最反智的一刻。此時英國人才發現脫歐的嚴重性，首相卡麥隆也引咎下台，留下一群恐懼疑惑的英國人。英國人很快地要求舉辦二次公投，推翻上次公投的結果。但英國的法律無法這麼做，公投是神聖且嚴肅的，英國人必須為他們的選擇負責。

卡麥隆下台後，強森沒有如願當上首相，反而是保守黨的梅伊上了台。梅伊成為繼柴契爾之後，英國第二位女性首相。梅伊遵守公投結果，決定向歐盟提出脫歐申請。歐盟也無奈接受結果，而脫歐過程非常繁瑣，英國最快也要兩三年的時間才能正式脫歐。2017年3月29日，英國駐歐盟代表正式向歐盟提交脫歐申請，脫歐已成定局。很快地，蘇格蘭馬上向梅伊叫陣，要舉辦獨立公投，梅伊果斷拒絕，但日後蘇獨的聲浪會變得更加澎湃。

然而，歐盟居然想利用英國在西班牙的殖民地——直布羅陀來反制。直布羅陀為西班牙王位戰爭中，西班牙敗給英國，1713年割給英國，英國從此掌控了進出地中海與大西洋的咽喉地帶。英國脫歐讓歐盟面臨崩解的危機，本來應該脫歐的是希臘，沒想到經濟實力倍於希臘的英國率先脫歐了，巨大的經

濟、難民危機讓歐洲各國都醞釀脫歐，荷蘭、義大利想脫歐，連歐盟支柱之一的法國民調，都顯示法國人痛恨歐盟，可見英國脫歐帶來的嚴重後果。

　　所以歐盟絕對不會讓英國舒服的脫歐，於是歐盟主張讓西班牙和英國共同管理直布羅陀。英國嚴正拒絕，西班牙則一直希望收回直布羅陀，直布羅陀成為兩國爭端的原因。而直布羅陀問題之所以一直相安無事，是因為歐盟在居中協調英國與西班牙。直布羅陀的民調也顯示居民願意留在英國，但脫歐公投也指出他們反對脫歐。直布羅陀的歸屬面臨重大考驗。保守黨的元老在直布羅陀問題上居然影射了1982年柴契爾夫人的福克蘭戰爭，當年柴契爾夫人同樣為了一群海外領地的英國人，與另一個西語系國家開戰，元老相信他們會用同樣的態度捍衛直布羅陀。

　　執政黨的元老居然會發出這種聲明，難道英國與西班牙會為直布羅陀一戰？梅伊一直都很崇拜同黨的老前輩柴契爾夫人，但梅伊會效法柴契爾嗎？

　　事實上梅伊最後還是出面緩頰，並沒有要挑起戰火。但西班牙已經在直布羅陀邊界上頻頻動作，不斷地刁難直布羅陀，不免讓人擔心會擦槍走火。但不管如何，直布羅陀並沒有決定自己前途的權力，只能因為英國脫歐成為英國與西班牙、歐盟的談判籌碼。

　　直布羅陀、蘇格蘭獨立再起，英國脫歐的後續效應非常嚴重，大英聯合王國會不會因為脫歐而解體？還是打回原形只剩下最初的英格蘭？全世界都在看。

附錄

英國歷史簡表

分期	族群／王朝
史前英國	伊比利亞人（3000B.C.開始） 克爾特人（七世紀B.C.開始）
古代英國	羅馬統治時期（43～440 A.D.） 撒克遜人入英（五至六世紀） 七國時代（六至十世紀） 威塞克斯王國統一英格蘭（925～1016） 丹麥統治時期（1016～1042） 威塞克斯王國最後一位君主懺悔者愛德華（1042～1066）
中古英國	諾曼第王朝（1066～1154） 金雀花（安茹）王朝（1154～1400） 蘭開斯特王朝（1400～1461） 約克王朝（1461～1485）
近代英國	都鐸王朝（1485～1603） 斯圖亞特王朝（1603～1649） 共和、護國主時期（1649～1659） 斯圖亞特王朝（復辟）（1660～1688） 斯圖亞特・奧倫治王朝（1689～1702） 斯圖亞特王朝（安妮女王）（1702～1714）
當代英國	漢諾威王朝（1714～1901） 薩克森・科堡・哥達王朝（1901～1917） 溫莎王朝（1917至今）

英國大事紀

年代（西元）	事件
前3000	伊比利亞人移居不列顛，是現代英國人最早的祖先
前七世紀	克爾特人移至不列顛和愛爾蘭
前55	羅馬駐高盧總督凱撒入侵不列顛
43	羅馬皇帝克勞狄征服不列顛
60	布迪卡之變
123	羅馬皇帝哈德良動用三個軍團築卡萊爾（西海岸）至泰恩河口（東海岸）的土牆（哈德良長城），防禦北方克爾特人的襲擊
四世紀初	基督教傳入不列顛
407～440	羅馬人撤出不列顛，結束羅馬統治時期
五至六世紀	盎格魯・撒克遜人入侵不列顛
七世紀初	奧古斯丁入英格蘭肯特王國傳教
616～632	諾森伯里亞國王「埃德溫」成為英格蘭最強大統治者
757～796	麥西亞國王「奧法二世」成為英格蘭最有勢力的君主
825～839	威塞克斯國王「愛格伯特」取得霸主地位
九世紀初	來自丹麥與挪威的維京戰士開始劫掠不列顛
871～899	丹麥人占領倫敦，威塞克斯國王阿爾弗雷德大帝多次抵抗丹麥人入侵
925	威塞克斯王國君王亞薩斯坦統一英格蘭

年代（西元）	事　　　　　件
1013	丹麥人克努特擊敗英格蘭王艾特爾雷德
1016	艾特爾雷德被朝臣迎回英格蘭
1020	克努特成為丹麥、英格蘭兩地國王
1035～1040	克努特之子哈德為英格蘭國王
1042	英國人擁已故英王艾特爾雷德之子「懺悔者愛德華」為英格蘭國王
1066	「懺悔者愛德華」過世，諾曼第公爵威廉由法國率軍征服英國，稱為威廉一世
1154	亨利二世即位，開創金雀花王朝（又稱安茹王朝）
1215	約翰王簽署《大憲章》
1254	亨利三世首次召開議會
1337	英法「百年戰爭」爆發
1343	議會分為上議院、下議院，兩院制延續至今
1348	黑死病在英、法兩國大肆流行
1400	亨利四世創建蘭開斯特王朝
1429	聖女貞德率法軍解奧爾良之圍
1431	貞德被教會判為異端處死
1453	法軍收復波爾多，英法百年戰爭結束
1455	約克與蘭開斯特兩家族爆發「玫瑰戰爭」
1461	愛德華四世即位，開創約克王朝
1485	亨利七世開創都鐸王朝

年代（西元）	事件
1533	英國議會批准亨利八世與皇后凱薩琳的離婚要求
1534	英國議會頒布《至尊法案》，宣布以英國國王為首的英國教會斷絕與羅馬教廷的關係
1543	亨利八世授權議會通過一系列法案，合併威爾斯
1558	伊麗莎白一世即位
1588	打敗西班牙「無敵艦隊」，英國開始逐步建立海上霸主的地位
1603	蘇格蘭國王詹姆士兼任英國國王，開創斯圖亞特王朝
1628	查理一世與議會衝突，議會通過《權利請願書》
1642	「清教徒革命」爆發
1649	查理一世被克倫威爾處死，建立共和國
1651	頒布《航海條例》，規定所有運入英國的貨物必須由英國船隻裝載
1652～1654	英、荷戰爭爆發，荷蘭戰敗，承認英國的《航海條例》
1653～1658	克倫威爾成為終身護國主，建立起與君主專制相似的護國主制統治體系
1655	英國由西班牙手中奪取牙買加
1660	斯圖亞特王朝查理二世復辟

年代（西元）	事　　　　件
1688	詹姆士二世大力推行天主教及專制王權，引發光榮革命
1689	威廉三世繼位，議會通過《權利法案》，確定議會為最高權力機構，奠定英國君主立憲制
1707	英格蘭與蘇格蘭合併
1713	結束長達13年英法爭奪西班牙王位的戰爭，英國從法國手中奪得北美的殖民地
1714	神聖羅馬帝國漢諾威選侯喬治繼承王位，稱為喬治一世，開創漢諾威王朝
1756～1763	英法「七年戰爭」
1765	哈格里夫斯（James Hargreaves）發明多軸的「珍妮紡紗機」
1771	阿克萊特（Ark Wright）創建第一個紡紗廠，為現代工廠生產的先驅
1782	瓦特（James Watt）發明聯動式蒸汽機
1801	愛爾蘭併入大不列顛，英國國王稱號改為聯合王國國王
1807	廢除奴隸交易制度；規定不得再視奴隸為商品般貿易
1812	英國以蒸汽機為動力的汽船投入商業運輸
1814	史蒂文生（Stephenson）發明了蒸汽火車
1819	第一艘汽船橫渡大西洋成功；占領新加坡

年代（西元）	事　　　　件
1825	鋪設斯托克頓至達林頓間的英國（也是全世界）第一條鐵路
1830	英國正式宣告廢除奴隸制度
1840	鴉片戰爭
1842	《中英南京條約》打開中國門戶
1849	占領印度全境
1853	與法國、土耳其聯合對俄國戰爭，即「克里米亞戰爭」
1856～1860	兩次「英法聯軍」，簽訂《中英法天津條約》、《中英法北京條約》
1875	購買44％蘇伊士運河股權
1882	占領埃及
1886	吞併緬甸
1898	租借威海衛和九龍（通稱九龍新界，為期99年，依據此租借約定1997年香港回歸中國）
1899	占領蘇丹。在南非爆發「布耳戰爭」
1901	愛德華七世繼位為英王，開創薩克森·科堡·哥達王朝
1910	將南非的殖民地合併為南非聯邦
1914	第一次世界大戰爆發
1917	喬治五世因英人反德情緒，改皇室名稱為溫莎王朝
1918	第一次世界大戰結束

年代（西元）	事　　　　件
1919	召開「巴黎和會」，簽訂《凡爾賽條約》
1936	愛德華八世為了娶已婚的辛普森為妻，遭到英國議會反對，故讓位其弟喬治六世
1938	與法、義、德簽訂《慕尼黑協定》
1939	第二次世界大戰爆發
1940	敦克爾克大撤退，英法聯軍在歐陸大敗
1941	爆發「珍珠港事件」，美國參戰
1944	與美軍等聯軍在法國諾曼第登陸
1945	5月8日，德國投降；8月15日，日本投降
1952	伊麗莎白二世繼位
1956	與法國、以色列聯合進攻埃及，爆發「蘇伊士運河事件」
1973	加入歐洲共同體
1982	與阿根廷爆發「福克蘭戰爭」
1984	與中國簽署關於香港問題聯合聲明
1991	與美共同投入波斯灣戰爭，出兵伊拉克
1993	《馬斯垂克條約》生效，歐洲共同體改稱「歐洲聯盟」，簡稱歐盟
1997	7月，香港回歸中國
2003	3月，英美聯合部隊對伊拉克開戰，爆發第二次波斯灣戰爭。
2005	7月，愛爾蘭共和軍宣布結束對抗英國的30年內戰

年代（西元）	事件
2007	北愛爾蘭恢復分權為自治政府
2008	利物浦成為2008年度歐洲文化之都
2009	中國總理溫家寶訪問英國
2010	首相大選，執政黨由工黨改為保守黨
2011	因經濟不景氣、社會不穩定引發倫敦暴動
2012	倫敦奧運
2014	蘇格蘭獨立公投，結果未通過
2015	伊麗莎白二世在位63年，締造英國在位君主最長的紀錄
2016	英國脫歐公投通過，梅伊當選首相，成為英國第二位女首相
2017	倫敦發生國會外恐怖攻擊事件，曼徹斯特體育館亦發生爆炸恐攻事件；蘇格蘭醞釀再次舉行獨立公投，且很有可能通過
2018	開徵糖稅；大英國協運動會於黃金海岸舉辦

華文 全球最大的 自資出版平台

www.book4u.com.tw/mybook

出書5大保證

創意寫作 1

寫作培訓：創作真簡單！
我們備有專業培訓課程，讓您從基礎開始學習創作，晉身斐然成章的作家之列。

2 專業諮詢

意見提供：專業好建議！
無論是寫作計畫、出版企畫等各種疑難雜症，我們都提供專業諮詢，幫您排解出書的問題。

規劃編排 3

編輯修潤：編排不苦惱！
本平台將配合您的需求，為書籍作最專業的規劃、最完善的編輯，讓您可專注創作。

4 印刷出版

成書出版：內外皆吸睛！
從交稿至出版，每個環節均精心安排、嚴格把關，讓您的書籍徹底抓住讀者目光。

通路行銷 5

品牌效益：曝光增收益！
我們擁有最具魅力的品牌、最多元的通路管道、最強大的行銷手法，讓您輕鬆坐擁收益。

打造優質書籍，為您達成夢想！

香港 吳主編 mybook@mail.book4u.com.tw

學參 陳社長 sharon@mail.book4u.com.tw

北京 王總監 jack@mail.book4u.com.tw

台北 歐總編 elsa@mail.book4u.com.tw

學習領航家—— 新絲路視頻

一饗知識盛宴，偷學大師真本事

新視野 >>> 新思路 >>> 新知識

全球華人跨時間、跨地域的知識服務平台

讓想擴充新知的你在短短的時間內就能汲取最優質、
充滿知性與理性的知識膠囊

台版羅輯思維
穿梭歷史的軌跡，明辨世界的真理

新絲路視頻1-1
歷史真相系列
大國崛起之
根本因素
王道增智慧　王擎天 主講

新絲路視頻 **EP.1～** 　重磅邀請台灣最有學識的出版之神——**王擎天博士**
主講。有料會寫又能說的王博士將為您深入淺出探討古今中外歷史、社會及
財經商業等議題，升級您的知識，豐富您的內涵。而有別於傳統主流的思考
觀點，將帶給您煥然一新的思維體驗！

新絲路視頻 **EP.1～** 　每月第一個星期五在YouTube及台灣、大陸的視頻網
站（土豆、騰訊……）、各大部落格、網路電台等，與王擎天FB、王道增智
會FB同步發布。

國家圖書館出版品預行編目資料

無敵の末日——不敗的都鐸王朝&日不落帝國的崛起／
王擎天 著.--
新北市中和區：典藏閣出版，采舍國際有限公司發行，
2017.6〔民106〕
　　面；　公分

　ISBN　978-986-87443-8-7（平裝）
　1. 英國史　2. 都鐸王朝
741.241　　　　　　　　　　　　　　　　　106006844

典 藏 閣

無敵の末日——
不敗的都鐸王朝&日不落帝國的崛起

著　作　人▼王擎天　　　　　美 術 設 計▼吳吉昌
總　編　輯▼歐綾纖　　　　　內 文 排 版▼陳曉觀
副 總 編 輯▼陳雅貞　　　　　特 約 編 輯▼蔡秋萍、潘千里
策 劃 主 編▼黃鈺文

郵撥帳號▼50017206 采舍國際有限公司（郵撥購買，請另付一成郵資）
台灣出版中心▼新北市中和區中山路2段366巷10號10樓
電　　話▼ (02) 2248-7896　　　　傳真▼ (02) 2248-7758
I S B N 　▼ 978-986-87443-8-7
出版日期▼ 2017年6月

全球華文市場總代理／采舍國際有限公司
地址▼新北市中和區中山路2段366巷10號3樓
電話▼ (02) 8245-8786　　　　傳真▼ (02) 8245-8718

全系列書系特約展示門市
新絲路網路書店
地址▼新北市中和區中山路2段366巷10號10樓
電話▼ (02) 8245-9896
網址▼www.silkbook.com

線上pbook&ebook總代理／全球華文聯合出版平台
主題討論區▼www.silkbook.com/bookclub　　● 新絲路讀書會
電子書平台▼www.book4u.com.tw　　　　　● 華文網雲端書城
紙本書平台▼www.silkbook.com　　　　　　● 新絲路網路書店

歡迎上擎天部落格瀏覽或討論您的觀點　chintian.pixnet.net